中国古代思想家

中华少年信仰教育读本编写委员会 / 编著

信仰创造英雄　信仰照亮人生

中国出版集团有限公司

世界图书出版公司
北京　广州　上海　西安

图书在版编目（ＣＩＰ）数据

中国古代思想家 / 中华少年信仰教育读本编写委员
会编著 . — 北京：世界图书出版公司，2016.5（2024.5 重印）
ISBN 978-7-5192-0870-7

Ⅰ. ①中… Ⅱ. ①中… Ⅲ. ①思想家—生平事迹—中
国—古代—青少年读物 Ⅳ. ① B2-49

中国版本图书馆 CIP 数据核字（2016）第 051647 号

书　　名　中国古代思想家
　　　　　ZHONGGUO GUDAI SIXIANGJIA

编　　著　中华少年信仰教育读本编写委员会
总 策 划　吴　迪
责任编辑　刘梦娜
特约编辑　王林萍

出版发行　世界图书出版有限公司北京分公司
地　　址　北京市东城区朝内大街 137 号
邮　　编　100010
电　　话　010-64033507（总编室）　（售后）0431-80787855　13894825720
网　　址　http: //www.wpcbj.com.cn
邮　　箱　wpcbjst@vip.163.com
销　　售　新华书店及各大平台
印　　刷　北京一鑫印务有限责任公司
开　　本　165 mm×230 mm　1/16
印　　张　11.5
字　　数　150 千字
版　　次　2016 年 8 月第 1 版
印　　次　2024 年 5 月第 5 次印刷
国际书号　ISBN 978-7-5192-0870-7
定　　价　45.00 元

序　言

信仰是什么？

列夫·托尔斯泰说："信仰是人生的动力。"

诗人惠特曼说："没有信仰，则没有名副其实的品行和生命；没有信仰，则没有名副其实的国土。"

信仰主要是指人们对某种理论、学说、主义或宗教的极度尊崇和信服，并把它作为自己的精神寄托和行动的榜样或指南。信仰在心理上表现为对某种事物或目标的向往、仰慕和追求，在行为上表现为在这种精神力量的支配下去解释、改造自然界和人类社会。

信仰，是一个人在任何时候都不能丢的最宝贵的精神力量。人有信仰，才会有希望、有力量，才会树立正确的价值观，沿着正确的道路前行，而不至于在多元的价值观和纷繁复杂的世界中迷失方向。

信仰一旦形成，会对人类和社会产生长期的影响。青少年是社会的希望和未来的建设者，让他们从普适意识形成之初就接受良好的信仰教育，可以令信仰更具持久性和深刻性，可以使他们在未来立足于社会而不败，亦可以使我们的伟大祖国永远立于世界民族之林。

事实上，信仰教育绝不是抽象的、概念化的教育，现实生活中，我们有无数可以借鉴的素材，它们是具体的、形象的、有形的、活生生的，甚至是有血有肉的。我们中华民族有着几千年的辉煌历史，多少仁人志士只为追求真理、捍卫真理，赴汤蹈火，前仆后继；多少文人骚客只为争取心中的一方净土，只为渴求心灵的自由逍遥，甘于寂寞，成就美名；多少爱国志士只为一个"义"字，不惜抛头颅、洒热血。他们如滚滚长江中的朵朵浪花，翻滚激荡，生生不息，荡人心魄。如果我们能继承和发扬这些精神和信仰，用"道"约束自己的行为，用"德"指导人生的方向，那么我们的文明必将更加灿烂，我们的国运必将更加昌盛。

正基于此，"中华少年信仰教育读本系列丛书"应运而生。除上述内容外，本丛书还收录了中国人民百年来反对外来侵略和压迫，反抗腐朽统治，争取民族独立和解放，前赴后继，浴血奋斗的精神和业绩，尤其是中国共产党领导全国人民为建立新中国而英勇奋斗的崇高精神和光辉业绩；不仅有中国历史上涌现出的著名爱国者、民族英雄、革命先烈和杰出人物，还有新中国成立以后涌现出的许许多多的英雄模范人物。

阅读这套丛书，能帮助青少年树立自己人生的良好的偶像观，能帮助青少年从小立下伟大的志向，能帮助青少年培养最基本的向善心，能帮助青少年自觉调节自己的行为，能帮助青少年锁定努力的方向，能帮助青少年增加行动的信心和勇气。

习近平总书记说："人民有信仰，民族才有希望，国家才有力量。"因此我们有理由相信：少年有信仰，国家必有希望。

中华少年信仰教育读本编写委员会

周　公

> 一沐三握发，一饭三吐哺，犹恐失天
> 下之贤。
>
> ——《史记》

简介

周公，生卒年不详，姓姬名旦，是周文王第四子，武王的弟弟，因封地在周（今陕西岐山北），故称周公或周公旦。他是中国西周初杰出的政治家和军事家，被尊为儒学奠基人，也是孔子一生最崇敬的古代圣人之一。曾两次辅佐周武王东伐纣王，并制作礼乐，使天下大治。

人物小记

周公践天子之位七年，把布衣之士当作老师拜见的有十人，当作朋友会见的有十二人，对平民百姓提前接见的有四十九人；时常向政府提建议的有百人，为社会培养人才的有千人，在朝廷做官的达

万人。这时如果周公很骄傲，天下贤士来的就会很少。当周公的儿子伯禽要到封地鲁国去的时候，他告诫说："去吧，你不要因为身为鲁国国君而对人傲慢。我是文王的儿子、武王的弟弟、成王的叔父，又是天子的摄政，社会地位可不算低了；但是，我洗一次头，要三次握住头发，中止洗头来接待士人。吃一顿饭，要三次把食物吐出来，来回答士人的问题，还怕失去天下的贤士……那些贵为天子、富有四海的，都是由于有谦德。不谦而失去天下，亡了身的，便像夏桀、殷纣那样，不谨慎怎么行？《易》里讲了一个很重要的道理，其大足以守天下，中足以守其国家，小足以保护自身，那就是谦……你千万不要因为身为鲁君而对人傲慢！"这说明周公勤于政事，寝食不安，所以当时有很多贤士愿意投奔于他。

主要思想

西周时期，贵族统治者为了维护自己的王权，把周王神化了，宣扬周王室的统治者是天之所赐。周公的哲学思想主要是天命观，以有意志的天为王权统治的合理性做辩护。鉴于殷亡的教训，他告诫统治者要注意"敬德""保民""知小人之依"，还提出了"天命靡常"和"天视自我民视，天听自我民听"的思想，把敬德保民思想纳入唯心主义天命观中。他告诫王者："皇天无亲，唯德是辅"。只有"保享于民"，才能"享天之命"。周公的天命思想把"敬天"

与"保民"直接联系起来，在宇宙观的发展上是一种进步。

管 仲

> 一年之计，莫若树谷；十年之计，莫若树林；终身之计，莫若树人。一树一获者，谷也；一树十获者，木也；一树百获者，人也。
>
> ——管仲

简介

管仲（？—前645），名夷吾，字仲，颍上（今安徽颍上）人。春秋时期齐国的政治家、思想家，中国早期法家思想的先驱。

人物小记

管仲年轻时曾与鲍叔牙交往颇深。由于生活贫困，他常常得到鲍叔牙的关照，而鲍叔牙始终不把这种事向其他人讲。后来，鲍叔牙侍奉齐国公子小白，管仲侍奉公子纠。等到小白立为齐桓公时，公子纠被杀死，管仲因此也被囚禁起来。鲍叔牙于是向桓公推荐管仲。管仲被任用以后，在齐国执掌政事，齐桓公因此成就霸业，多次会集诸侯，使天下得到匡正。管仲认为"因祸而为福，转败而为功。贵轻重，慎权衡"，在内政、外交方面，皆名垂千古。他辅佐齐桓公，一匡

天下，使齐桓公成为春秋时期第一个霸主。

管仲在齐国执政任相，使地处海滨的小小齐国流通货物，积聚财帛，富国强兵，办事能够与百姓同好恶。他说："仓库充实了，人才知道礼仪节操，衣食富足了，人才懂得荣誉和耻辱。君主如能带头遵守法度，那么，父母兄弟妻子之间便会亲密无间。礼义廉耻得不到伸张，国家就要灭亡。国家颁布的政令像流水的源泉一样畅通无阻，是因为它能顺应民心。"这些话道理浅显，容易实行。百姓所要求的，就顺应他们的愿望提供给他们；百姓所反对的，就顺应他们的愿望抛弃它。

主要思想

管仲的自然观属于朴素唯物主义思想。《管子》一书中的《水地》篇，是战国初期的作品，其中阐述了管仲的思想，认为水是万物的本原："水者，何也？万物之本原也，诸生之宗室也。"该篇从各方面详细论述了这一原理。如说"水者，地之血气，入筋脉之流通者也""人，水也，男女精气合，而水流形"。这些提法尽管不科学，但都属于朴素唯物主义的合理猜测。

管仲既强调法制，主张"言行罚""信庆赏"，又充分肯定道德和道德教化的作用，提出礼义廉耻为守国治民之"四维"。他区分了刑政与德教的不同作用，认为刑政摄以威形，德教化以敬爱。指出治民仅用刑罚，"不足以服其心"，必须辅以德教，"教训成俗，而刑罚省，数也"。

管仲还认为，欲民为善，必须保障人民物质生活的消费资料，"仓廪实，则知礼节；衣食足，则知荣辱"，从而肯定了物质生活水平与社会道德风尚之间的联系。

晏　子

意莫高于爱民，行莫厚于乐民。

——晏子《晏子春秋》

简介

晏子（？—前500），名婴，字
平仲，齐国夷维（今山东高密县）人，
谥平，春秋时著名的思想家、政治家，
以有政治远见、外交才能和作风朴素
闻名于诸侯。他爱国忧民，敢于直谏，
在诸侯和百姓中享有极高的声誉。

公元前556年，晏子的父亲晏弱
死后，他继任齐卿，历任灵公、庄公、
景公三世，是名副其实的"三朝元老"。
曾奉景公之命，与晋联姻，并预言齐
国政权终将为田氏所取代。传说晏子

五短身材，"长不满六尺"，貌不出众，但足智多谋，刚正不阿，
为齐国昌盛立下了汗马功劳。传世有《晏子春秋》一书，由后人搜
集有关他的言行编辑而成。

人物小记

晏子认为节俭可以养德。他的一生过着粗茶淡饭的生活，而把
俸禄尽数接济穷困的亲戚和国中的处士。景公多次因晏子的住宅破
旧而想给他更换新居："你的房子靠近市场，周围环境十分嘈杂，
并且现在房子已经很破旧了，换个高大向阳的新房吧！"晏子却说：
"我的房子先人都住下来了，我为什么不可以住呢？不要麻烦管理住宅的官吏了！"

景公九年（公元前 539 年），晏子出使晋国。景公趁他不在家，拆掉他原来的旧房子，又让周围的邻居搬迁，扩建了晏子的旧宅。等到晏子回国后，新房已经落成。晏子先到王宫拜谢景公的关怀，之后命人拆掉新居，恢复房子原来的样子，并让已经搬迁的邻居重新搬回来，他认为邻居好比住宅好更重要。

主要思想

晏子的学术思想，以无神论与民本思想最为著名。景公二十六年（公元前 522 年），景公生病，意欲降罪祝史，他以为不可，进谏说："如果祝为有益，则诅亦有损。君疏远辅弼之人，以至忠臣壅塞，言路不通。现在齐自聊摄以东，姑尤以西，人民不知其数，百姓受苦，咎怨诽谤君上的不知有多少，一国都诅，而两人祝，虽有善祝，终不能胜一国之诅。而且，史祝如果直情而言，所言的都是君的短处，无异谤君。如果隐匿实情，说君的好话，则是欺骗上帝。上帝如果有灵，则不可以欺，如果不灵，则祝为无益。愿君仔细省察，不要冤杀无辜之人。"景公听了晏子的话，实行宽政，不久病就好了。晏子明确否定了祝祷的作用，他认为祸福唯人所召，与祝祷无关。

晏子从现实生活出发，以烹饪、奏乐为例，指出了和与同的差别，说明事物矛盾"相承相济"，并在"和"与"同"的关系问题上发展了史伯的思想，进一步提出了"可"与"否"对立统一的观点，"君所谓可，而有否焉""君所谓否，而有可焉"。

孔 子

玉不琢，不成器，人不学，不知道。是故，古之王者，建国君民，教学为先。

——孔子

简介

孔子（前551—前479），姓孔，名丘，字仲尼，春秋时期鲁国人。他是中国古代著名的思想家、政治家、教育家，儒家学派的创始人。曾经修《诗》《书》，订《礼》《乐》，序《周易》，做《春秋》。相传有弟子三千，贤弟子七十二人。在天道观上，孔子不否认天命鬼神的存在，但又对其持怀疑态度，主张"敬鬼神而远之"。孔子与孟子并称"孔孟"，孔子被尊为"至圣"，孟子被尊为"亚圣"。

人物小记

孔子的先世是宋国的贵族，后来破落了。在他3岁的时候，父亲去世，母亲带着他搬到离陬邑不远的鲁国都城曲阜，过着清贫的生活。鲁国是当时公认的文化中心，跟宋国一样保存了很多古老的商周文化。其中的"礼"很多，结婚、丧事、祭祀祖先，都有一套十分烦琐的仪式。穷人当然说不上这些，但是，从天王、诸侯、大夫，到一般奴隶主富贵人家，对此特别讲究。他们认为，这是炫耀自己财势的好机会。每逢婚丧大事，富贵人家便会雇用一班人来举行礼的仪式。那时从事这种职业的人被称为"儒"。孔子从小就受到这种古老文化的熏陶，学懂了许多古代的"礼"，以至做游戏时都常用小木块当祭器，小泥团当供品，演习着古代的礼仪。久而久之，这种崇尚"礼"的思想被孔子发扬光大，逐渐发展为以礼治国的政治主张。于是，后人把孔子倡导的学说称作"儒学"。

主要思想

孔子是春秋末年的进步思想家和伟大教育家，他的主要思想是"仁"和"礼"。"仁"的基本含义是"爱人"。他提倡人与人之间应"己所不欲，勿施于人"，反对人殉，主张"爱民"。

除此之外，孔子还提出了"礼"和"乐"的要求。

所谓礼，是指为维护社会秩序和区别社会成员之间的等级而建立的一整套制度和行为规范。例如，一个家庭有父子、兄弟、夫妇之别；在社会上，则有君臣、上下之分。这些都属于礼的范畴。孔子认为"礼"是人在社会立足的基点，"不知礼，无以立也"。"礼"表面看来是维护奴隶制的周礼，实际上孔子主张对周礼有所因革、损益。他所说的"为国以礼""齐之以礼"，这对"礼不下庶人"的周礼来说是重大变革。"仁"是孔子哲学思想的核心，"礼"是孔子的政治纲领，两者结合构成了孔子的基本思想。在社会急剧变革的春秋末年，这种思想虽然难以实现，却成为后世历代封建王朝施行"仁政"的思想基础，具有历史的进步意义。

所谓"乐"，是指由于礼的确立而造成的等级对立，进行感情的整合，促使不同等级之间的人们互相融洽。孔子认为，"乐"是使人获得成功的修养功夫。

子 产

其所善者，吾则行之。其所恶者，吾则改之。

——子产

简介

子产（？—前522），姬姓，名侨，字子产，又被称为公孙侨，是春秋末期郑国的政治家、思想家、改革家，与孔子处于同一时代，是孔子最尊敬的人之一。子产于郑简公时（公元前554年）被立为卿，公元前543年到公元前522年执掌郑国国政。子产执政期间，改革内政，慎修外交，捍卫郑国利益，极受郑国百姓爱戴，后世对其评价甚高，将他视为中国历史上宰相的典范。

人物小记

当时郑国弱小，处在晋、楚两个大国的双重胁迫之下，形势严峻。子产出任相国之后，大刀阔斧地采取了一系列富民强国的改革措施，把郑国治理得"门不夜关，道不拾遗"，社会秩序井然，安定兴盛。

那时老百姓没有参政议政的权利，有意见也无法上达。当时郑国各地有乡校，乡校既是学校，又是人们闲暇时休息聚会的公共场所。老百姓聚到乡间学校聊天，喜欢七嘴八舌地议论国家大事，这样一来，各地乡校就自然成了一个自由议政、畅所欲言的公共空间。有个叫然明的官员听到乡校里的批评意见，很是恼怒，于是他想取缔乡校，堵住人的嘴，便对子产说："把乡校封闭或是毁掉，怎么样？"

子产回答说："为什么要毁掉呢？老百姓早晚到那里逛逛，议论一下朝廷施政的好坏，这是他们关心国家啊。他们称赞的事情，我就实行；他们恼火的事情，我就改正。他们实际上是我的老师，怎么能毁掉呢？我听说，真心钟爱自己的人民，就可以减少怨恨，没听说靠强硬手段可以防止怨恨的。毁掉乡校，当然能把批评的声音堵住，可是你想过没有，民怨像大河一样，修筑堤坝可以阻挡一阵，一旦决口，不知要伤害多少人，那时候抢救也来不及了。不如开出一些小渠道，因势利导，把听到的意见当作良药。"

主要思想

子产在郑国以法治代替礼治，实行富国强兵的政策。他的法治思想主要表现为实行"作封洫""作丘赋""铸刑书"等一系列的重大改革。

"作封洫"，主要就是丈量土地，划分疆界，编制田亩，沟通渠道，承认田地私有，并对私田一律课税。

"作丘赋"是在田制改革之后，按照田亩征粮税、服兵役，以充实国库，扩大军备，强化中央集权，削弱大贵族的力量。

"铸刑书"，就是把改革的制度，用法律条文肯定下来，并铸在金属上，公布于众，只能遵守，不可更改。

在用人方面，子产曾提出许多进步的主张，采取一些得力措施。他反对用人唯亲，主张"择能而使"；他认为"专欲难成，犯众兴祸"，主张"不毁乡校"。在哲学方面，子产把"礼"看作天地变化的自然规律，人事是按照这种规律行事的。所谓"天地之经纬"就是天地之理，自然界本身固有的秩序，他反对"天命论"。

孟 子

老吾老，以及人之老；幼吾幼，以及人之幼。

——孟子

简介

孟子（约前 372—前 289），名轲，字子舆，战国时期邹国（今山东省邹城市）人，战国时期哲学家、思想家、政治家、教育家。孔子学说的继承者，儒家的重要代表人物。

在孟子生活的时代，百家争鸣，"扬朱、墨翟之言盈天下"。孟子站在儒家的立场加以激烈抨击。孟子继承和发展了孔子的思想，提出一套完整的思想体系，对后世产生了极大的影响，被尊奉为仅次于孔子的"亚圣"。

人物小记

孟子最初对学习很有兴趣，时间一长就厌烦了，经常逃学。孟母知道后非常生气，拿起刀来，把织布机上的经线割断，说道："你的废学，就像我割断织布机上的线，这布是一丝一线织起来的，现在割断了线，布就无法织成。君子求学是为了成就功名，博学多问才能增加智慧。你经常逃学怎么能成为有用之才呢？你今天不刻苦读书，惰于修身养德，今后就不可能远离祸患，将来即使不做强盗，也会沦为厮役！"

孟母用"断织"来警喻"辍学"，指出做事必须要有恒心，一

且认准目标，就不为外界所干扰。半途而废，后果是十分严重的。"断织喻学"的一幕在孟子小小的心灵中，留下了既惊且惧的深刻印象，孟子从此旦夕勤学，终于成为我国历史上的儒学大师。

主要思想

孟子继承和发展了孔子的德治思想，发展为仁政学说，成为其政治思想的核心。他把"亲亲""长长"的原则运用于政治，企图在统治与服从的政治关系上，蒙上一层温情脉脉的外衣，以缓和阶级矛盾，维护封建统治阶级的长远利益。

孟子一方面严格区分了统治者与被统治者的阶级地位，认为"劳心者治人，劳力者治于人"，并且模仿周制拟定了一套从天子到庶人的等级制度；另一方面又把统治者和被统治者的关系比作父母对子女的关系，主张统治者应该像父母一样关心人民的疾苦，人民应该像对待父母一样去亲近、服侍统治者。孟子认为，这是最理想的政治，如果统治者实行仁政，则可以得到人民的衷心拥护。反之，如果不顾人民死活，推行虐政，将会失去民心而变成独夫民贼，被人民推翻。

孟子根据战国时期的经验，总结各国治乱兴亡的规律，提出了一个富有民主性精华的著名命题："民为贵，社稷次之，君为轻。"所谓"民为贵"，是说人民是国家的基础；如何对待人民这一问题，对于国家的治乱兴亡，具有极大的重要性。孟子十分重视民心的向背，通过大量历史事例反复阐述这是关乎得天下与失天下的关键问题。

孙 子

> 知彼知己，百战不殆；不知彼而知己，一胜一负；不知彼不知己，每战必败。
>
> ——孙武《孙子兵法》

简介

孙武（前535—前470），字长卿，春秋末期齐国乐安（今山东省惠民县）人，是兵家流派的代表人物，其曾祖、祖父均为齐国名将。孙武曾从齐国流亡到吴国，以兵法十三篇说吴王阖闾，被吴王任用为吴国将军。

人物小记

公元前512年，吴王阖闾决心对楚国开战，但苦于没有运筹帷幄、攻城拔寨的大将。谋臣伍子胥七次向吴王推荐齐国人孙武，并把孙武所著兵法十三篇呈予吴王，吴王为孙武高妙的战争见解和横溢的军事才能所折服，下令在宫中接见孙武。

吴王把孙武请到宫中，对他说："先生的兵法十三篇惊世骇俗，可是吴国是一个小国，兵微将寡，如

果跟楚国这样的大国作战，能有几分胜算？"孙武答道："兵在精而不在多；将在谋而不在勇，我的兵法十三篇不仅可以运用于行军作战，还能动员妇人女子，驱而使之。"吴王大笑，说："我的宫中就有女子数百人，我要亲眼看看先生如何'驱而使之'？"吴王下令从后宫挑选180名宫女，交由孙武调遣。

孙武将180名宫女分为左、右两队，各执兵器，又指定吴王最为宠爱的两位美姬为左右队长，让她们带领宫女进行操练，同时指派自己的驾车人和陪乘担任军吏，负责执行军法。一切安排就绪后，孙武击鼓发令。然而尽管孙武三令五申，宫女们却不听号令，只觉得好玩可笑。于是，孙武召集军吏，要斩两位队长。吴王见孙武要杀掉自己的爱姬，急忙派人去求情，孙武说："将帅在军中，君王的命令可以不听。"并最终斩了吴王的两个爱姬。此后，孙武重新操练宫女，进退左右，整整齐齐，规规矩矩。

司马迁在《史记》中记载了孙武的事业和功绩："西破强楚，入却，北威齐晋，显名诸侯，孙子与有力焉。"

主要思想

孙武的主要思想都集中在《孙子兵法》中。传世本《孙子兵法》包括《计》《作战》《谋攻》《形》《势》《虚实》《军事》《九变》《行军》《地形》《九地》《火攻》和《用间》共13篇，是孙武一派兵家的著作，其核心思想属于孙武，同时经过他的门生和战国兵家的整理补充。

孙武的军事思想是：首先，与政治融为一体的战争观。"知己知彼，百战不殆""不战而屈人之兵，善之善者也。故上兵伐谋，其次伐兵"。"反用兵之法，全国为上，破国次之"是孙武心目中战争的最高境界。他认为战争是关系军民生死、国家存亡的大事，发动战争应该谨慎，决定战争胜败的关键是政治而非军事，统治者应顺应民意，采取措施使百姓安居乐业，与君主同心同德。其次，进攻战略要以野战为主。他认为在战争过程中自始至终要掌握主动权，要先发制人、主动出击、出奇制胜。孙武一贯主张速战速决。再次，集中优势兵力作战。"用兵之法，十则为之，五则攻之，倍则分之，敌则能战之，少则能逃之，不若则能避之。"

此外，他还提出要回避工程作战："攻城则力屈。""攻城之法为不得已。"

吴　起

明主鉴兹，必内修文德，外治武备。

——吴起

简介

吴起（前 440—前 381），汉族，卫国左氏（今山东省定陶）人，通晓兵家、法家、儒家诸家思想，是战国时期著名的政治改革家，卓越的军事家、统帅、改革家，兵家代表人物。他一生历仕鲁、魏、楚三国，在内政、军事上都有极高的成就，仕鲁时曾击退齐国的入侵；仕魏时屡次破秦，尽得秦国河西之

地，成就魏文侯的霸业；仕楚时主持改革，史称"吴起变法"。后世把吴起和孙武并称为"孙吴"，著有《吴子》，《吴子》与《孙子》又合称《孙吴兵法》，在中国古代军事典籍中占有重要地位。

人物小记

吴起年少时，家里有千金财富，但他渴望功名，一心求官，四处游走，结果把好端端的一个家给葬送了。乡邻因此而讥笑他，谁知他竟一口气杀死了三十多个讥笑他的乡邻，然后离家出走了。

吴起走时咬破手臂向母亲发誓，当不上卿相，绝不回家。几年间，他辗转求学，来到鲁国，拜孔子的高足曾子为师，发愤苦读，不计昼夜寒暑。曾子得知吴起还有母亲一人在家，就劝他回去探望，却遭到了吴起的断然拒绝。曾子觉得他很不孝，对他不满。于是就把他赶了出来。

后来，吴起到鲁国做官。齐国的军队攻打鲁国，鲁国国君想任命吴起为将军，但是因为吴起的妻子是齐国人，所以鲁国国君对他还是有些怀疑。吴起一心想当上将军，一展自己平生所学。他得知鲁穆公对自己有所怀疑，就回到家杀了自己的妻子，并砍下妻子的头，献给鲁穆公，以此表明自己的心迹。鲁穆公一见，为之一振，就任命吴起做将军，率领军队攻打齐国。吴起果然不负鲁穆公的重托，率领鲁国军队，大胜齐国。

主要思想

吴起认为政治和军事二者都不可偏废。在政治方面，首先，主张废除世卿世禄。他曾向楚悼王指出，由于旧贵族的权势太大，分封的领地太多，他们会对抗国君，压迫臣民。其次，主张开垦荒地，发展经济。这是吴起在对人与土地关系问题上的新见解。他解决人和土地之间矛盾的办法，不是徕民政策，也不是鼓励人口的自然增殖，而是令奴隶主贵族去开垦荒地。

在军事方面，吴起的思想是"内修文德，外治武备"。他主张建立一支精锐的为新兴地主阶级服务的军队，其中心思想是军队"不在众寡"，要"以治为胜"。他治军要求的最高标准是：军队"投之所往，天下莫当"。军队在驻扎时要有纪律，行动时威武雄壮，进攻时敌不可挡，撤退时敌人追不上，即使被敌军分割阵势也不混乱，他认为只有这样的军队才能打胜仗。

老 子

合抱之木，生于毫末；九层之台，起于累土；千里之行，始于足下。

——老子

简 介

老子（约前571—前471），姓李名耳，字聃。先秦时代的哲学家，道家学派创始人，其被唐皇武后封为太上老君，著有《道德经》（又称《老子》），其作品精华是朴素辩证法，主张无为而治，其学说对中国哲学发展具有深刻影响，在道教中老子被尊为"道祖"。

人物小记

老子自幼聪慧，静思好学，常缠着家人要听国家兴衰、战争成败、祭祀占卜、观星测象之事。老子母亲望子成龙，请了一位精通殷商礼乐的商容老先生教授。商容通天文地理，博古今礼仪，深受老聃

一家敬重。

一天，商容教授道："天地之间人为贵，众人之中王为本。"

老子问道："天为何物？"

先生道："天者，在上之清清者也。"

老子又问："清清者又是何物？"

先生道："清清者，太空是也。"

"太空之上，又是何物？"老子再次抛出问题。

先生道："太空之上，清之清者也。"

"之上又是何物？"

"清之清者之上，更为清清之清者也。"

"清者穷尽处为何物？"

"先贤未传，古籍未载，愚师不敢妄言。"

夜晚，老子以其疑惑问母亲，母亲不能答。于是，他就仰头观日月星辰，低首思天上之天为何物，彻夜不能寐。

主要思想

老子的学说博大精深，充满古代朴素唯物辩证思想。在军事战略战术的运用方面，他提出"柔弱胜刚强"的指导思想，说天下没有比水更柔弱的东西，但攻坚的力量莫过于它。他还举例说明柔弱的东西属于生存一类，从树木强大会折断，推断出军队强大就会覆灭。这种战略思想有防止盲目骄傲的一面，但也具有极大的片面性。

在战术上，他主张"以奇用兵"，并指出：一个好的军人不会耀武扬威，一个善于打仗的人不会暴躁发怒，一个善于战胜敌人的人不会跟敌人硬拼。还要注意"将欲弱之，必固强之""将欲夺之，必固与之"。

老子还认识到对立面不是一成不变的，它们在向相反的一面转化，他说："正复为奇，善复为妖。"认为正常能转化为反常，善良能转化为妖孽，委曲反能保全，屈枉反能伸直，低下反能充满，破旧反能新鲜，少取反能多得。

老子虽讲对立面的同一性，但不讲对立面的斗争。他反复强调"圣人之道，为而不争""以其不争，故天下莫能与之争"。不是以实际行动去解决矛盾，而是极力保持现状：回避矛盾的急剧转化。

庄　子

> 吾生也有涯，而知也无涯。以有涯随无涯，殆已；已而为知者，殆而已矣。

> ——庄子

简介

庄子（约前369—前286），姓庄名周，字子休，战国时期宋国蒙（今河南省商丘市民权县）人，著名的散文家、思想家和哲学家，先秦庄子学派的创始人。他的学说涵盖了当时社会生活的方方面面，但根本精神还是归依于老子的哲学。后世将他与老子并称为"老庄"，他们的哲学为"老庄哲学"。

人物小记

庄子与弟子走到一座山脚下，看见一株大树，枝繁叶茂，耸立

在大溪旁，特别显眼。他忍不住问伐木者："请问师傅，如此大的木材，怎一直无人砍伐？以至独独长了几千年？"伐木者对此树不屑一顾，道："这何足为奇？此树是一种不中用的木材。用来做舟船，则沉于水；用来做棺材，则很快腐烂；用来做器具，则容易毁坏；用来做门窗，则脂液不干；用来做柱子，则易受虫蚀，此乃不成材之木。不材之木也，无所可用，故能有如此之寿。"

听了此话，庄子对弟子说："此树因不材而得以终其天年，岂不是无用之用，无为而于己有为？"弟子恍然大悟，点头不已。

庄子又说："树无用，不求有为而免遭斤斧；白额之牛，亢曼之猪，痔疮之人，巫师认为是不祥之物，故祭河神时不会把它们投进河里；残废之人，征兵不会征到他，故能终其天年。形体残废，尚且可以养身保命，何况德才残废者呢？树不成材，方可免祸；人不成才，亦可保身也。"庄子愈说愈兴奋，总结道："山木，自寇也；膏火，自煎也。桂可食，故伐之；漆可用，故割之。人皆知有用之用，却不知无用之用也。"

主要思想

庄子继承并发展了老子的哲学，体系更为宏大，内容更为丰富。

从本体论来看，庄子同老子一样，把道作为产生世界万物的本体。"道"虽然不被感知，但确实是一种"自古以固存"的客观实体，它不仅能神鬼神帝，而且能生天生地。

庄子在哲学上主张"无为"，放弃一切妄为，属于主观唯心主义。他又认为一切事物都是相对的，因此否定知识，否定一切事物的本质区别，向往一种"天地与我并生，万物与我为一"的境界，安时处顺，逍遥自得，倒向了相对主义和宿命论。

庄子把人的生死视为自然现象，认为"人之生，气之聚也。聚则为生，散则为死"。因此没有必要贪生怕死。生则自然而生，死则自然而死。从这种自然史观出发，庄子论证了人应该遵循自然无为的原则，反对可以追求。

在政治上庄子主张"无为而治"，反对一切社会制度，摒弃一切文化知识。

墨 子

> 天下之人皆相爱，强不执弱，众不劫寡，富不侮贫，贵不傲贱，诈不欺愚，凡天下祸篡怨恨，可使毋起者，以相爱生也，是以仁者誉之。
>
> ——墨子

简介

墨子（前468—前376），姓墨名翟，战国初期思想家、政治家，墨家学派创始人。

人物小记

墨子有一个得意门生，叫耕柱。虽然耕柱被公认为是最优秀的人，但他总是被墨子责骂。有一次，当脾气有些暴躁的墨子又准备对耕柱发火时，耕柱实在无法忍受了，他鼓足勇气对墨子说："老师，

你总是经常对我发火，难道我真的就一无是处吗？"

墨子听后，丝毫不动肝火："假设我现在要上太行山，依你看，我应该要用良马来拉车，还是用老牛来拖车？"耕柱回答说："再笨的人也知道要用良马来拉车。"墨子又问："那么，为什么不用老牛呢？"

耕柱回答说："原因非常简单，因为良马足以担负重任，值得驱遣。"

墨子说："你答得一点也没有错，我之所以时常责骂你，是因为你能够担负重任，值得我一再地教导与匡正你。"

主要思想

墨子主张"闻之见之，则必以为有；莫闻莫见，则必以为无"，认为判断事物的有与无，不能凭个人的臆想，而要以大家所看到的和所听到的为依据。墨子从这一朴素唯物主义经验论出发，提出了检验认识真伪的标准，即三表："上本之于古者圣王之事""下原察百姓耳目之实""废（发）以为刑政，观其中国家百姓人民之利"。

墨子把"事""实""利"综合起来，以间接经验、直接经验和社会效果为准绳，排除个人的主观成见，否定唯心主义的先验论。在名实关系上，他提出"司以其名也，以其取也"的命题，认为不是以名正实，以名符实，而是以实正名，名副其实。

当然，墨子的认识论也有很大的局限性，他忽视理性认识的作用，片面强调感觉经验的真实性。他曾以有人"尝见鬼，神之物，闻鬼神之声"为理由，得出了"鬼神之有"的荒谬结论。

墨子在政治上提出了"兼爱""非攻""尚贤"等主张。"兼以易别"是他的社会政治思想的核心,"非攻"是其具体行动纲领。他认为只要大家"兼相爱,交相利",社会上就没有强凌弱、贵傲贱、智诈愚和各国之间互相攻伐的现象了。他对统治者发动战争带来的祸害以及平常礼俗上的奢侈快乐,进行了尖锐的揭露和批判。在用人原则上,墨子主张任人唯贤,反对任人唯亲,主张"官无常贵,而民无终贱"。他还主张从天子、诸侯国君到各级正长,都要"选择天下之贤可者"来充当;而人民要服从君上,做到"一同天下之义"。这些主张反映了小生产者要求参与政权的愿望,在客观上也起了维护封建统治的作用。

范 蠡

飞鸟尽,良弓藏;狡兔死,走狗烹。

——范蠡

简介

范蠡(前536—前448),字少伯,汉族,春秋楚国宛(今河南南阳)人。春秋末年著名的政治家、谋士和实业家,后人尊称其为"商圣"。他出身贫贱,但博学多才,与楚宛令文种相识、相交甚深。他们因不满当时楚国政治黑暗、非贵族不得入仕而一起投奔越国,辅佐越王勾践。帮助勾践兴越国,灭吴国,一雪会稽之耻,功成名就之后急流勇退,化名姓为鸱夷子

范蠡

皮，变官服为一袭白衣与西施西出姑苏，泛一叶扁舟于五湖之中，遨游于七十二峰之间。其间三次经商成巨富，三散家财，自号陶朱公，乃中国儒商之鼻祖。世人誉之："忠以为国；智以保身；商以致富，成名天下。"

人物小记

范蠡年轻的时候，愤世嫉俗，浪迹江湖。越国大夫文种听说他是个有志青年，就将他请来，让他给越王出谋划策。不久，范蠡做了越国的大夫。

后来，越王勾践被吴王生擒，通过亲自为吴王尝粪才换取了吴王的信任，被放归回国。回国后，他忍辱负重，卧薪尝胆，终于在大臣文种、范蠡等人的辅佐下复仇成功，消灭了吴国。吴国灭亡后，越国称霸江、淮。范蠡因谋划有功，官拜上将军。不久，越国设宴庆功。范蠡深知越王勾践的为人，仔细观察他的神情举止，感到危险很快来临，就劝文种与自己一同归隐，可是文种没有答应。

一个漆黑的夜晚，范蠡不辞而别。后来，越王勾践诬陷文种图谋作乱，将他赐死。

主要思想

范蠡认为："国家之事，有持盈，有定倾，有节事。"保持国家强盛不衰取法天（天道），安定国家之倾危取法人（人道），处理国家政事取法地（地道）。总之，为政国家、执掌天下，天、地、人三者缺一不可。即是说，天道就是日月和阴阳变化的规律；人道就是为转危为安而谦卑尊礼、忍辱负重。天、地、人并重，三者互不干涉，其作用各自独立。

范蠡思想的另一重要内容是"赢缩转化"的辩证思想。他看到矛盾对立的普遍性，以及对立面的相互转化，强调矛盾转化的条件性，以及利用矛盾必须合乎客观规律；其"持盈者与天，定倾者与人，节事者与地""天因人、圣人因天"等言论，看出天、地、人的相对独立性，揭示了三者之间的联系，以及联系双方的彼此制约。

屈　原

> 举世皆浊我独清，众人皆醉我独醒。
>
> ——屈原

简介

屈原（约前340—前278），名平，战国楚人，楚王同姓贵族，曾任左徒、三闾大夫等职。针对战国后期秦国日益强大、楚国日益衰弱的形势，他提出选贤任能、立法富国、联齐抗秦的主张，但是遭到楚国贵族中保守势力的排斥打击，终于被放逐江南。公元前278年，秦国攻破楚国国都，屈原满怀忧愤，于这一年农历五月五日自沉汨罗江而死。

屈原是中国文学史上第一个伟大的爱国诗人，作品有《九歌》11篇，《九章》9篇，《离骚》《天问》《招魂》《卜居》《渔父》各一篇，共25篇。他吸取民间文学营养，利用楚国民歌的传统形式，创造了"楚辞"体。

人物小记

屈原被楚襄王放逐到沅湘流域后，仍然悲怆地吟咏着诗句，抒发他忧国忧民的情思。一天，屈原来到汨罗江边，正准备吟诵诗词，一个渔翁认出了他，便问道："您不是朝廷的三闾大夫吗？为什么走到这个地方来了？"

"因为举世都混浊，只有我清白，大家都喝醉了酒，唯有我清醒，我就被流放到这里来了。"屈原愤愤不平地回答。

渔翁劝解道："凡能成为圣人的人，并不拘泥于成规，而能顺时从俗。既然举世都混浊，你为什么不顺着浊流而推波助澜呢？大家都喝醉了酒，你为什么不也去'哺其糟而啜其醨'呢？你呀，世道既已如此，何必一人与众不同而致使自己被放逐呢？"

听到这里，屈原的脸色突然变了，他厉声说："我早已听说过：'刚刚洗过头的人，必然要弹去帽子上的灰尘；刚刚洗过澡的人，哪能把净洁的躯体任意让肮脏的东西污染呢？'我宁愿投入大江激流之中葬身鱼腹，也决不容忍那混浊的世道亵渎了自己！"屈原说完，昂首而去。

主要思想

作为楚王室宗族成员，屈原在战国争雄的时代，一心盼望祖国富强，为此，他试图在楚国推行"美政"的政治理想。"美政"的主要内容包括内政和外交两个方面。屈原主张推行举贤授能和修明法度的改革措施。他强调"明法度之嫌疑"才能使"国家富强而法立"。

在外交策略上，屈原主张联齐抗秦，反对向秦国妥协。屈原始终为楚国的政治命运而担忧，作为王室贵族，他把忠君和爱国融为一体。在人格修养上，屈原主张人的内在品行和外在行为要和谐统一，人不但要有先天良好的禀赋，还要有后天自觉的培养和锻炼。只有通过后天自觉的修炼，才能获得更加完善的内在美。一个人如果拥有美好的外表和本质，即使处境窘迫，名声依旧能留芳。

惠　施

惠施多方，其书五车，其道舛驳，其言也不中。

——《庄子》

简　介

惠施（约前370—前310），又称惠子，战国时宋国人。战国时期哲学家，名家"合同异"学派的代表人物。

惠施是宋国人，但他最主要的行政地区是魏国，惠施是合纵抗秦最主要的组织人和支持者。他主张魏国、齐国和楚国联合起来对抗秦国，并建议尊齐为王。

人物小记

魏国宰相因病去世后，魏王第一个便想到了惠施，他下诏任惠施为新任宰相。惠施接到诏书后简单地收拾了一下行装，便日夜兼程地赶往魏国上任。途中，惠施遇到一条大河——这是去魏国都城大梁的必经之路。惠施在岸边等了许久也不见一条船来，为了不耽误魏国的国事，他纵身跳进了河里，想游到河对岸去。然而，惠施低估了湍急的河水，自己只游了几下，身体就开始下沉了。此时，正好有一个船家从这儿经过，将他救了起来。

等惠施缓过神来，船家不解地问道："你为什么不等船到之后再渡河呢？"

惠施感激地回答说："时间紧迫，来不及等待，跳进河里才发现水太深太急，根本游不过去。谢谢你救了我的命！"

船家好奇地说："什么事这么急呢？不会是家里出了什么大事吧？"

惠施笑着说："家里十分安好，只因我要到魏国去当宰相，怕耽误了行程，有负大王的恩典，所以才如此着急。"

船家听了哈哈大笑。他看惠施衣着朴素，脸上就露出几分鄙夷的神色。他对惠施奚落道："像你这样连水都不会游的人，怎么可能当上宰相呢？"

惠施没有责怪船家的无知，他说："论水性，我不如你，因为你从小就生活在这里，天天与河水打交道，这是你所长；但要说治理国家，你恐怕不及我一分一毫，因为我从小就饱读诗书、深谙兵法，这是我所长。况且，水性不好的人就不能当宰相吗？"船家无言以对。

主要思想

惠施是战国时期名辩思潮中"合同异"学派的主要代表人物。《庄子·天下》记载了这一派的十个论题，后被称为"惠施十事"，即一、至大无外，谓之大一，至小无内，谓之小一；二、无厚不可积也，其大千里；三、天与地卑，山与泽平；四、日方中方睨，物方生方死；五、大同而与小同异，此之谓小同异，万物毕同毕异，此之谓大同异；六、南方无穷而有穷；七、今日适越而昔来；八、连环可解也；九、我知天下之中央，燕之北、越之南是也；十、泛爱万物，天地一体也。其中"一、五、十"三个命题集中地表现了惠施的哲学思想与逻辑思想。"大一"与"小一"是对宇宙万物大小两个方向的高度抽象。惠施看到万物的差异，而更重视其同一，断言"山与泽平""天地一体"。

惠施注重对客观世界的研究，《庄子·天下》说他"弱于德，强于物""散于万物而不厌""逐万物而不反"，且能"遍为万物说"，这说明他与一般只着眼于社会政治伦理问题研究的诸家不同，也与只停留于思维形式和规律研究的一般名家不同，他是先秦时期注重研究自然，颇具科学精神的一位思想家。

公孙龙

马者，所以命形也；白者，所以命色也。命色者非命形也。故曰：白马非马。

——公孙龙

简介

公孙龙（约前320—前250），字子秉，又称公孙龙子，战国时赵国人，名家的主要代表人物。

人物小记

战国时期，诸子百家，互相争鸣。赵国平原君门客公孙龙因《白马论》而一举成名。

当时赵国一带的马匹流行烈性传染病，导致大批战马死亡。秦国战马很多，为了严防这种瘟疫传入秦国，秦就在函谷关口贴出告示："凡赵国的马不能入关。"

这天，公孙龙骑着白马来到函谷关前。关吏说："你人可入关，但马不能入关。"公孙龙辩到："白马非马，怎么不可以过关呢？"关吏说："白马是马。"公孙龙说："我公孙龙是龙吗？"关吏愣了愣，但仍坚持说："按规定不管是白马黑马，只要是赵国的马，都不能入关。"

公孙龙常以雄辩名士自居，他娓娓道来："'马'是指名称而言，'白'是指颜色而言，名称和颜色不是一个概念。'白马'这个概念，分开来就是'白'和'马'或'马'和'白'，这也是两个不同的概念。

譬如说要马，给黄马、黑马都可以，但是如果要白马，给黑马、给黄马就不可以，这证明'白马'和'马'不是一回事吧！所以说白马就不是马。"

关吏越听越茫然，被公孙龙这一通高谈阔论搅得晕头转向，如坠云里雾中，不知该如何对答，无奈只好让公孙龙和白马都过关。

主要思想

公孙龙是一位机智善辩的语言大师，力倡"白马非马"之说，并与儒家的孔穿、阴阳家的邹衍等人进行过辩论。"白马非马"将白、马和白马三者从概念上严格地区分开来，"白"指具有白的颜色，"马"指具有马的形状，"白马"是形和色的结合，白结合于马和白没有结合于马是不同的。所以，"白马非马"。

公孙龙在哲学上提出了著名的"离坚白"思想。他认为石头"视不得其所坚而得其所白者，无坚也"；"拊不得其所白而得其所坚者，无白也"，因此，坚和白是不能同时属于石头的。他进而指出，坚在未与石物结合时，必定独立地是"坚"并自藏着的；白在未与石物结合时，也必定独立地是"白"并自藏着的。因此得出结论认为，这样的"坚"和"白"实际上只是和石这个物相分离而独立自藏着的精神实体。但他在《名实论》和《指物论》中却提出了朴素唯物主义的观点，承认"物"是天地本身及其所形成的万物，"名"是对实的称谓；强调"名"必须符合实，肯定"物"是"有"，"指"（相当于"名"）是"无"；认为"物"不是"指"。所以，他的哲学思想具有二元论的倾向。

公孙龙强调事实（实）与其名称（名）之间的"离"，也就是差异和区别，从而将特殊的实和一般的名割裂开来，没有看到二者还有同一的一面，如"白马非马"，在种属关系上，白马仍属于马类。

申不害

有天下而不恣睢，命之曰以天下为桎梏。

——申不害

简介

申不害（约前385—前337），亦称申子，战国时期韩国著名的思想家。他在韩为相15年，使韩国走向国治兵强。作为法家人物，他以"术"著称，是百家争鸣中的代表人物。

人物小记

申不害祖籍郑国的京邑，其父亲做过小官，因为父亲的关系，他也做了郑国的赋税小吏。就在申不害18岁那年，韩国吞灭了郑国，申不害父子成了"旧国贼臣"，回家种地。父亲死后，他一把火烧了祖宅老屋，开始游学列国。在近二十年游学过程中，他广读博览，潜心研究君王统治的手段和策略，成为法家重"术"派的代表。

申不害名声越来越大，韩昭侯拜他为相。在治国方面，申不害善用术而不善用法。

一次，申不害向韩昭侯请求封自己的堂兄一个官职，韩昭候没有答应，申不害很不痛快，脸上随之表现出来。韩昭侯看出了他的心思，诚恳地对他说："我之所以要向先生请教，就是为了治理好国家。现在我是听从你的请求而破坏你创设的法度呢，还是推行你的法度而拒绝你的请求呢？你曾经开导过我，要我按功劳大小来封赏用人，而今你却在法度外另有私求，我该听你的哪句话才对呢？"

申不害知道自己错了，便赶紧搬出自己的正式居室，另居别处，还向韩昭侯请罪说："您真是我企望效力的贤明君主啊！"

主要思想

申不害的学术思想，明显地受到道家的影响。同时，他的哲学思想与慎到有极相似之处，他们都遵循老子的大统一哲学。"人法地，地法天，天法道，道法自然。"

申不害认为，自然运行是有规律的，也是不可抗拒的。他认为宇宙间的本质是"静"，其运动规律是"常"。他要求对待一切事情应以"静"为原则，以"因"为方法，"因"指"因循""随顺"。"贵因"指"随事而定之"，"贵静"的表现就是"无为"。申不害把这些原则用于人事，构成他的社会哲学思想。"无为"主张的渊源即老子的"绝圣弃智"，申不害的"无为"，要求的是君主去除个人作为的"无为"，以便听取臣下的意见。

申不害思想的核心是重"术"，"术"成为贯穿其全部思想的一根红线。和李悝、商鞅、韩非等人相比，申不害重术而轻法，忽略了法与"法治"在封建政治制度中的地位与作用。正因为如此，郭沫若先生认为在前期法家中，申不害算不上是一位严格意义上的法家。在思想源流上，申不害远绍老子而近承黄老，是黄老思想学派在战国中期的分枝和变种。因此，司马迁说"申子之学本于黄老而主刑名"。

邹　衍

邹衍之术，迂大而宏辩。

——司马迁

简介

邹衍（约前305—前240年），汉族，战国末期齐国人，中国阴阳家学派创始者与代表人物。曾周游魏、燕、赵等国，受到诸侯们的"尊礼"优待，后归齐国稷下讲学。主要学说是"五德终始说"和"大九州说"，因其又是稷下学宫著名学者，因他"尽言天事"，当时人们称他"谈天衍"，又称邹子。他活动的时代后于孟子，与公孙龙、鲁仲连是同时代人。主要著作有《邹子》49 篇和《邹子终始》56 篇。

人物小记

有一次，邹衍路过赵国，平原君让邹衍与公孙龙辩论"白马非马"之说，却遭到了拒绝。

邹衍认为：所谓辩论，就是要区别不同类型，不相侵害，排列不同的概念，不相混淆；抒发自己的意旨和一般概念，表明自己的观点，让别人理解，而不是困惑迷惘。如此，辩论的胜者能坚持自己的立场，不胜者也能得到他所追求的真理，这样的辩论是可以进行的。如果用繁文缛节来作为凭据，用巧言饰辞来互相诋毁，用华丽辞藻来偷换概念，吸引别人使之不得要领，就会妨碍治学的根本道理。那种纠缠不休、咄咄逼人、总要别人认输才肯住口的做法，不仅有害君子风度，而且还会让人在现实生活中产生迷茫和困惑，有百害而无一利。总之，辩论就是要明辨是非，说得对方理解才行，像公孙龙这种辩论，一点儿益处都没有。众人都同意邹衍的观点，公孙龙因此处于下风。

主要思想

邹衍开创战国时期阴阳家学派，其主要思想是"五德终始说"和"大九州说"。他把春秋战国时期流行的五行说附会到社会的变动和王朝的兴替上，提出"五德终始"的历史观。他认为整个物质世界是由金、木、水、火、土构成的，事物的发展变化是通过五行相克和五行相生来实现的。人类社会历史的改朝换代与自然界一样，也是一种客观必然。自开天辟地以来的人类社会都是按照五德转移的次序进行循环的，每一朝代都主一德，每一德都有盛有衰。盛时，它对应的那个朝代就兴旺发达；衰时，这个朝代就要灭亡。人类社会的历史变化遵循着五行相生相克的规律进行着循环。

在对宇宙的空间认识方面，邹衍创立了"大九州"说。齐地濒海，这启发了他对宇宙空间广阔性的联想。邹衍认为，儒家所称的中国，只占天下的八十一分之一。中国称赤县神州，赤县神州内有九州，乃禹时所分九州，而中国之外如同赤县神州的还有九个州，各有裨海环绕，每州内又各有九州，语言风俗皆不相通。这种对世界地理的推论性假说，在当时及后世有扩大人们地理视野的意义。

商　鞅

下君尽己之能，中君尽人之力，上君尽人之智。

——商鞅

简介

商鞅（约前390—前338），卫国国君的后裔，姬姓，公孙氏，故称为卫鞅，又称公孙鞅，后封于商，后人称之为商鞅。战国时代政治家、思想家，著名法家代表人物。

人物小记

战国时，秦国的商鞅在秦孝公的支持下主持变法。当时处于战争频繁、人心惶惶之际，为了树立威信，推进改革，商鞅下令在都城南门外立一根三丈长的木头，并当众许下诺言：谁能把这根木头搬到北门，赏金十两。围观的人不相信如此轻而易举的事能得到如此高的赏赐，结果没人肯出手一试。于是，商鞅将赏金提高到五十两。

重赏之下必有勇夫，终于有人站起将木头扛到了北门。商鞅立即赏了他五十两。商鞅的这一举动，在百姓心中树立起了威信，事后商鞅就颁布了新法。

新法在民间施行了整一年，数以千计的秦国老百姓到国都说新法不方便。正当这时，太子触犯了新法。商鞅说："新法不能顺利推行，是因为上层人触犯它。"将依新法处罚太子。太子作为国君的继承人，又不能施以刑罚，于是就处罚了监督他行为的老师公子虔，以墨刑处罚了给他传授知识的老师公孙贾。

第二天，秦国人开始遵照新法执行。

新法推行了十年，秦国百姓都非常高兴，路上没有人拾别人丢的东西，山林里也没了盗贼，家家富裕充足。人民勇于为国家打仗，不敢为私利争斗，乡村、城镇社会秩序安定。当初说新法不方便的秦国百姓也都改变了观念。

主要思想

商鞅思想的核心是法制，反对礼制。在与旧贵族甘龙、杜挚辩论时，商鞅说："常人安于故俗，学者溺于所闻，以此两者居官守法可也，非所与论于法之外也。三代不同礼而王，五伯不同法而霸。智者作法，愚者制焉；贤者更礼，不肖者拘焉。"

商鞅的时代，是礼制向法制过渡的时期，他大胆摒弃礼制，推行法制，且执法不避亲贵。商鞅认为，国家不仅要制定法律，更要按照法律办事，法律面前人人平等，王子犯法与庶民同罪。商鞅两次刑太子师傅，严惩公子虔，实践了自己的壹刑理论。

商鞅的立法、司法思想是超前的、进步的，他认识到了礼制的软弱和局限，主张应该从历史发展和人思想变化的实际出发，制定与社会需求相适应的法律制度，而不应该固守旧礼。

韩　非

> 虚则知实之情，静则知动者正。
>
> ——韩非

简　介

韩非（约前280—前233年），韩国公子，战国时代著名的思想家、法家思想的集大成者，唯物主义哲学家、法家学派的主要代表。他继承了荀况的唯物主义思想，发展了老子哲学中的积极成分，对战国后期复杂多变的现实做了哲学概括，形成了具有特色的唯物主义思想体系。

人物小记

韩非口吃，不善言辞，但善著书，与李斯一起师事荀卿。韩非看到韩国衰弱，几次以书谏韩王，却没有被采纳。韩非深为韩王治国不用法术，不执势驾驭臣下，不行富国强兵之术，任用一些浮淫不实的人而痛心。认为儒者用文败乱法术，而侠者以武败坏禁令，国家所养非所用，所用非所养，而奸邪诌谀之臣不容廉洁耿直之士。他总结历朝得失，写成《孤愤》《五蠹》《说难》等十余万言。在这些著作中，他综摄了先秦法家的思想，提出完整的法家学术思想体系。

后来，韩非的著作流传到了秦国。秦王读了《孤愤》《五蠹》之后，大加赞赏，发出"嗟乎！寡人得见此人与之游，死不恨矣"的感叹。

于是马上下令攻打韩国。韩王原本不重用韩非，但此时形势紧迫，于是便派韩非出使秦国。

韩非上书劝秦王先伐赵缓伐韩，由此遭到李斯和姚贾的谗害，他们诋毁地说："韩非，韩之诸公子也。今王欲并诸侯，非终为韩不为秦，此人之情也。今王不用，久留而归之，此自遗患也，不如以过法诛之。"秦王认可了他们的说法，下令赐韩非服毒自杀。

主要思想

韩非最重要的学术思想是"法、术、势"相结合，"法"指国家的法律条文，"术"指君主驾驭臣下的统治方法，"势"指君主的威势，其中以"法"为主，认为治国必须用"法"。韩非指出，在法律面前，人人平等，不分贵贱亲疏。他说："法不讨好尊贵的人，正像木工的绳不迁就弯曲的木头一样。法之所加，最有智谋的人也不能辞，最勇敢的人也不能争。处罚过错不回避大臣，而奖赏贤善不遗漏百姓。"

韩非的"法"，包括"赏"与"罚"两方面内容。他认为刑要重而赏要少。轻刑重判，就使人畏惧，不敢再触犯刑律，而重刑轻判，最终会导致人们无所顾忌，轻易触犯刑律。奖赏的人多了滥了，就会造成人民对奖赏无所谓的心理。奖赏的人少了，才会使人感到奖赏的宝贵而去努力争取。

对于民众，他吸收了其老师荀子的"性本恶"理论，认为民众的本性是"恶劳而好逸"，要以法来约束民众，施刑于民，才可"禁奸于未萌"。因此他认为施刑法恰恰是爱民的表现。韩非主张减轻人民的徭役和赋税，他认为严重的徭役和赋税只会让臣下强大起来，不利于君王统治。

荀 子

> 不登高山，不知天之高也；不临深溪，不知地之厚也。
>
> ——荀子

简介

荀子（约前 313—前 238），名况，战国末期赵国（邯郸）人，著名的思想家和文学家。他一生中到过很多地方，主要在齐国的稷下（山东临淄县北）学宫讲学，韩非、李斯都是他的学生。晚年赴楚，春申君任用他为兰陵（山东枣庄）令，后被废官，居兰陵著书而卒。著有《荀子》一书，现存 32 篇，其中《大略》等最后 6 篇，可能是他的门人弟子所记。

人物小记

荀子 15 岁就到齐国稷下"游学"，在稷下学风的熏陶下，勤奋学习研究。后因齐败于燕，聚集稷下的学士各自分散，他也离齐去楚。

公元前 279 年，齐襄王回临淄，重新在稷下招待学士，由于老一辈的学者或死或散，荀子在稷下"先生"中为最优秀的老师，从而成为稷下有威信的领袖。荀子很受齐王尊敬，被封为"列大夫"。因为他年纪比较大，学问又好，曾三度被众人推选为"祭酒"。有些气量狭小的人，眼看次次都是荀子当祭酒，不免眼红，到处说荀子的坏话。齐王听信谗言后，渐渐和荀子疏远。荀子是个有骨气的人，不愿再留下去，决定离开齐国。

这时，荀子听说楚春申君爱好贤士，决定到楚国去。春申君仰慕荀子美名，决定请他担任"兰陵令"。不久，春申君有位门客进谗言说："商汤以亳为根据地，周武王以鄗起家，都不过拥有百里之地，结果统一天下。现在你给他一百里地，他又是天下有名的贤人，你不怕吗？"春申君经过再三考虑，终于辞退了荀子。

春申君赶走荀子后很是后悔，加上别人的劝诫："从前，伊尹去夏入商，不久夏朝灭亡，商朝兴起；管仲去鲁入齐，于是，鲁国衰弱，齐国高强，能干的国君应该懂得任用贤人。"春申君派人到赵国三请四请荀子，并且再三赔不是，最后荀子拗不过春申君的好意，又回到楚国当兰陵令。

主要思想

荀子是战国末期的思想家和哲学家，其思想主要包括天道观、认识论、人性论、礼论、教育观等方面。在天道论方面，荀子认为，"天"就是客观存在的自然观。自然界的运行有自己的规律，是不以人的意志为转移的，即"天行有常，不为尧存，不为桀亡"。但人也可以发挥自己的主观能动性去改造自然，"制天命而用之"，这是荀子思想中最具积极进步意义的思想之一。在人性论上，荀子主张"性恶论"。他认为，人性生来就是恶的，但凭借后天教育可以使人由恶变善。在礼论方面，荀子认为要隆礼重法、人而能群、分等级而治，其中，"隆礼"最为突出。

荀子认为人之性恶需要用礼义法度来加以制约；荀子在政治上主张要使国家强盛，必须行"胜人之道"；在人生观上主张积极有为与正义原则；在修养观上主张修身为本，强调"学"，提倡"思"，重视"行"；在教育观上主张"以善先人者谓之教""尊师重教""君师合一"，具有十分进步的意义。

贾　谊

> 功莫大于去恶而好善，罪莫于去善而为恶。
>
> ——贾谊

简介

贾谊（约前200—前168），汉族，汉朝洛阳人，西汉初政论家、思想家。18岁即有才名，年轻时由河南郡守吴公推荐，二十余岁被文帝召为博士。不到一年被破格提为太中大夫。其著作主要有散文和辞赋两类。散文《过秦论》《论积贮疏》《陈政事疏》等都很有名，辞赋以《吊屈原赋》《鹏鸟赋》最著名。

人物小记

贾谊从小就刻苦学习，博览群书，先秦诸子百家的书籍无所不读。少年时，就跟着荀况的弟子、秦朝的博士张苍学习《春秋左氏传》，后来还做过《左传》的注释，但失传了。他对道家的学说也有

研究，青少年时期，就写过《道德论》《道术》等论著。

贾谊酷爱文学，尤其喜爱战国末期的伟大诗人屈原的著作。汉高后五年（前183年），贾谊才18岁，就因为能诵《诗经》《尚书》和撰著文章而闻名于河南郡。通过地方郡守的举荐，他得到了汉文帝的赏识，一年之内连跳五级，当上了太中大夫。文帝曾想提拔他担任公卿，但遭到大臣们的强烈反对。

此后不久，贾谊就离开了京城，先后担任长沙王、梁怀王太傅，33岁便郁郁而死。"年轻有为却无大为，奇才可用终无大用"道出了贾谊短暂的一生。

主要思想

贾谊的思想以儒家为主，也杂有法家、黄老的成分。在《道德说》中，贾谊提出"道德造物"的命题，认为天下万物都是由"道"与"德"造成的，说"德之所以生阴阳、天地、人与万物也"。"德"与"道"的关系是，德以道为本。从"道"到"德"是"离无而之有"。归根结底，"道"是天下万物的根源。

在《鹏鸟赋》中，贾谊继承和发挥了先秦荀子等人的朴素唯物论思想，认为宇宙万物都是由天地阴阳二气生成的，"天地为炉兮，造化为工；阴阳为炭兮，万物为铜"。同时，又明确肯定万物的运动变化，"万物变化兮，固无休息""形气转续兮，变化而嬗"。并认为，在万物变化中，到处都充满着矛盾及其相互转化。这种转化，"不可预虑""不可预谋"，完全是一种无意识无目的的自然过程。对于社会历史，贾谊提出"变化因时"的观点，认为应当根据人类

社会的发展，制定出相应的政策和法令。

贾谊早年的思想富于黄老色彩。后来，随着汉初社会生产的初步恢复和社会上新矛盾的出现，黄老清静无为的思想已不能适应。这时贾谊积极主张变革，批评无为思想，阐述了自然和社会中的运动变化观。

陆　贾

> 莫不知学问之有益于己，怠戏之无益于事也。

—— 陆贾

简介

陆贾（约前240—前170），楚人，西汉初期著名思想家。其著作有《楚汉春秋》和《新语》。

人物小记

陆贾是楚国人，他是汉高祖刘邦手下一名年轻的将官。汉朝建立不久，南越王赵佗起兵作乱。由于老百姓连年苦于战乱，刘邦不想再出兵，便派遣陆贾到南越去谈判。

南越王赵佗原本是河北真定人，担任南海郡的龙川令，趁着秦末中国大乱，赵佗造反，并吞了桂林郡、象郡，自立为南越武王，嚣张得不得了。

赵佗对汉使陆贾的到来，虽然没有公开拒绝，却也不多加理睬。

他大模大样地坐在堂上，头上不戴冠，身上不系腰带，叉开两只脚，像个粗人般怒视着陆贾。

陆贾没有对他行礼，劈头便骂道："你本来是中原人，祖先的坟墓都还在真定。现在你竟然昧了良心，丢下了上国衣冠，还想拿小小的南越与大汉天子为敌，我看你啊，要大祸临头了。"他一边说，一边摇着头，表示不屑的态度，丝毫无畏于赵佗身旁一个个杀气腾腾的侍卫，而且越骂越有劲："你想想看，皇帝在五年之间，铲平天下，完全是老天帮忙，你小子自不量力，还自称为南越武王，皇上一火起来，一定派人挖你的祖坟，杀尽你的亲族好友，再派十万大军镇压南越，看你怎么办？"

赵佗一开始就被陆贾的声势吓住了，再听他的话也不无道理，因此，乖乖接受刘邦封给他的"南越王"印信，向汉朝称臣纳贡了。

主要思想

陆贾以"道法自然"和"无为而治"的道家思想为出发点，兼容儒、法思想，开创了老庄哲学的新局面，也引领了汉代学术界的新风尚。

自汉以来，学术界不管受到何种政治思想的影响，兼容百家，自成一说已经成为一种学术风尚。陆贾的道学思想的确不同一般。他说的"道"无疑是从老庄那里拿来的。但是，这个"道"大可以是本，小可以是术，不消极，不遁世，而是积极入世，自然求治。他认为道近不必出于久远，取其致要而有成。他甚至认为智者之所短，不如愚者之所长。他强调朴质者近忠，便巧者近亡的观点，看上去是给老庄思想缀了个尾巴，实际上是把老庄思想拉回到现实。他同时是一个纵横家，他把纵横术也加进了道家思想中，让道家思想更贴近现实，他说"善言古者合之于今，能述远者考之于近"。他创新的"道"学理论可以用四个词概括：自然顺守、无为谨敬、怀柔致远、守弱尚仁。而这些都是道家的根本，并且能够成为治国之策。

司马迁

人固有一死，或重于泰山，或轻于鸿毛。

——司马迁

简介

司马迁（约前145或前135—？），字子长，西汉夏阳人，伟大的史学家、文学家，被后人尊为"史圣"。他最大的贡献是创作了中国第一部纪传体通史《史记》（原名《太史公书》）。

《史记》记载了从上古传说中的黄帝时期，到汉武帝元狩元年，长达三千多年的历史。司马迁以其"究天人之际，通古今之变，成一家之言"的史识完成的史学巨著《史记》，是"二十五史"之首，被鲁迅誉为"史家之绝唱，无韵之《离骚》"。

人物小记

司马迁出身于世代史官家庭，祖先是周代史官，父亲司马谈是汉武帝时的太史令。司马迁小时候就喜爱学习。十多岁时跟随父亲到长安，曾在经学大师孔安国、董仲舒那里学习过。

汉武帝元丰三年（公元前108年），司马迁继承父亲的官位，做了太史令。他牢记父亲临终的嘱托，要实现父亲没能实现的编写史书的遗愿。太初元年（公元前104年），他开始动笔编写《史记》。

正当司马迁专心著述的时候，巨大的灾难降临到他的头上。汉将李陵抗击匈奴，兵败投降。司马迁为李陵辩解，认为李陵投降出于一时无奈，以后必将寻找机会报答汉朝。汉武帝大怒，将司马迁打入大牢，并处以"腐刑"。这对他来说，是极大的摧残和耻辱。遭受这般奇耻大辱，他想到了死。可是，一想到父亲临终前的嘱托，他觉得不能就这样轻易死去。他从"西伯拘而演《周易》，仲尼厄而作《春秋》，屈原放逐乃赋《离骚》，左丘失明厥有《国语》"等先圣先贤的遭遇中，获得了力量，在狱中继续写作。公元前96年，司

马迁出狱，任中书令。他忍辱负重，发奋写作，经过十多年的努力，终于在公元前92年，写成了历史巨著《史记》。

主要思想

由于司马迁生活在西汉，明显地受到各种思潮的影响。受其父司马谈的影响，他的思想里有道家的成分，崇尚自然无为，提倡一种自然的浪漫主义人生观；但也有儒家的成分，他崇拜孔子的理性精神。

司马迁高度肯定和赞扬了先秦儒家那种"天行健，君子以自强不息"的积极进取精神和个体人格的独立精神，有一种"贫贱不能移，威武不能屈"的伟大人格理想。他吸收儒家的大一统观念、民本思想、德治思想和法家的法治观念，以及黄老的"清静无为"等思想，形成了自己德行并重、礼法并重的政治观；吸收管子、韩非的经济学说，形成了农、工、商并重的经济思想；吸收法家的法后王思想、进化思想并改造了阴阳家的五德说等，形成了以进化观点

为主的历史观；吸收老庄师法自然的思想、带有朴素色彩的辩证法和含有神秘意味的阴阳家的天命观等，形成了"究天人之际"的哲学思想；吸收孟子重义与管子重利的思想，形成了义、利并重的义利观等。

董仲舒

> 仁者也，正其道不谋其利，修其理不急其功。
> ——董仲舒《春秋繁露》

简介

董仲舒（前179—前104），西汉广川（今属河北）人，汉代唯心主义哲学家和政治家。董仲舒的思想集中体现在"尊儒""德政""尚礼""崇学"等方面，内涵极为丰富。汉武帝采纳他"罢黜百家，独尊儒术"的建议，实现了政治大一统后的思想文化统一，儒家思想成为此后中国封建社会意识形态的主导思想，影响中国历史达两千年之久，对中华文明做出了杰出贡献，对世界文明也产生了重要影响。

人物小记

董仲舒在景帝时为博士，因治《春秋》而著名。他专心于讲学著作，颇受当时士大夫的敬重。

公元前140年，汉武帝即位，招贤纳士，问及古今治道，董仲舒向汉武帝讲出"天人三策",并提出了"罢黜百家,独尊儒术"的主张,得到汉武帝的赏识,被提拔为江都易王的相。董仲舒知识渊博,为人廉洁耿直。

在汉武帝时期,因长期对外用兵和统治阶级的穷奢极侈,赋役日益苛重,人民怨声载道,西汉封建统治阶级内部孕育着严重危机。董仲舒为了从意识形态上加强西汉中央政权,创建了"天人感应""君权神授"等学说。他认为,"天"是神秘的,能主宰人的命运和国家命运。他还提倡天人感应,说四个季节和人的四肢对应,如果人和皇帝做了坏事,"天"就用自然灾害来警告和惩罚世人。这样就需要皇帝爱护他的人民,让人民过幸福的生活。

董仲舒的学说以儒家宗法思想为中心,杂以阴阳五行说,把神权、君权、父权、夫权贯穿在一起,形成封建神学体系。但他提出"群生和而万民殖",增加人口,释放奴婢和"除专杀之威",反对任意杀害奴婢的主张,在当时条件下,则是有益于社会生产的发展和进步的。后来董仲舒托病辞官,专门从事修学著书,主要著作有《春秋繁露》等。

主要思想

董仲舒在著名的《举贤良对策》中,提出了他的哲学体系的基本要点,并建议"罢黜百家,独尊儒术"。他以《公羊春秋》为依据,将周代以来的宗教天道观和阴阳五行学说结合起来,吸收法家、道家、阴阳家思想,建立了一个新的思想体系,成为汉代的官方统治哲学,对当时社会所提出的一系列哲学、政治、社会、历史问题,给予了较为系统的回答。

董仲舒吸收阴阳五行思想,建立了一个以阴阳五行为基础的宇宙图式。他说:"天地之气,合而为一,分为阴阳,判为四时,列为五行",认为阴阳、四时、五行都是由气分化产生的,天的雷、电、风、雨、露、霜、雪的变化，都是阴阳二气相互作用的结果。在《对策》中，董仲舒说：“天道之大者在阴阳。阳为德，阴为刑；刑主杀而德主生。是故阳常居大夏，而以生育养长为事；阴常居大冬，而积于空虚不用之处。”把天体运行说成是一种道德意识和目的的体现，认为天任阳不任阴，好德不好刑。四季的变化体现了天以生育长养为事的仁德。董仲舒给天加上了道德的属性，自然现象成为神的有意识、有目的的活动，甚至日月星辰、雨露风霜也成了天的情感和意识的体现。

扬 雄

因而能革，天道乃得，革而能因，天道乃驯。

——扬雄

简介

扬雄（前53—后18），字子云，西汉蜀郡成都（今四川成都郫县）人，西汉著名哲学家。

人物小记

扬雄自幼喜欢学习，爱读书。他因为口吃不善于谈吐，经常独自默默沉思，思考的问题往往很精深。他爱好辞赋，崇拜司马相如，作赋从内容到形式都尽力模仿。他也爱读屈原的作品，每读《离骚》，联想起诗人爱国的投江壮举，总是热泪纵横。一次他写了一篇《反离骚》投入岷江，以吊屈原。这一时期，扬雄还写了《广骚》《畔牢愁》《县邸铭》《玉佴颂》《蜀都赋》等辞赋铭颂，初显才华。

三十多岁时，扬雄离开故乡游历京师长安，被任命为黄门侍郎。他对诸子百家学说进行深刻研究，推崇孔子，模仿《论语》写成《法言》，流传很广。此外，扬雄还精于天文、数学、历史，著作《难盖天八事》对中国天文学有重要贡献，对浑天说的传播起了积极的作用。

主要思想

扬雄把"玄"作为他的哲学体系的最高范畴，认为"玄"是天地的本原，而万物是天地相互作用的结果。

扬雄认为"玄"兼赅阴阳，天地万物是对立的统一，对立面相互转化，相互推移。认为"盛则入衰，穷则更生；有实有虚，流止无常"。又认为，事物的变化表现为因、革交替，"因而循之，与道神之；革而化之，与时宜之。故因梳能革，天道乃得；革而能因，天道乃驯"。"因"指事物的继承关系，"革"指事物的创新变革。他认为在继承过程中有创新，创新过程中又不能离开继承。

扬雄强调知识的重要性，肯定人的认识能力，指出"天地，神明而不测者也，心之潜也，犹将测之，况于人乎，况于事伦乎"。他认为心能周知万物，所以心是"神"。扬雄提出修性之说，主张加强道德修养。

扬雄提出了"人之性也善恶混"的人性论。他所说的"性"，包括"视、听、言、貌、思"五个方面，而对每个人而言，又有"正""邪"两个方面，既有善的方面，又有恶的方面。凡人

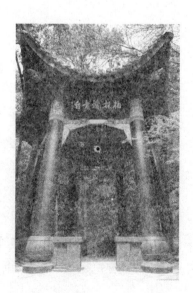

之性都是善恶两方面杂处其间，表现为善或恶，则决定于"学"与"修"。从而提出了"修其善则为善人，修其恶则为恶人"和"学则正，否则邪"的道德修养论。他说，"学者所以修性也"，主张人之为学，务必及早，应从"其不奸奸、不诈诈"的儿童时代开始。因为这时恶习未染，易于修学。一旦染上恶习之后再修学求正，就难以见效。

桑弘羊

国饶民足，而利国家。

——孙中山

简介

桑弘羊（前152年—前80），洛阳人，出身商人家庭。他自幼有心算才能，以此13岁入侍宫中。自元狩三年（公元前120年）起，终武帝之世，历任大司农中丞、大司农、御史大夫等重要职务。

人物小记

家庭的熏陶和先辈的影响使桑弘羊从小就熟谙经商之术，对各种聚财之道了如指掌。

但是，在中国古代"士、农、工、商"的职业划分中，"商"居于末位，可见商人的社会地位是很低的。所以，桑弘羊的父母没有让他继承祖业，继续经商，而是想方设法使他摆脱商人这一职业，进入"士"这一阶层。所谓的"士"就是读书做官的人，当时，汉朝政府有一种选拔官吏的制度，称为"赀选"，就是拥有相当家财的人，可以自备车马衣服，到京师长安等候政府选用。这些人一般先是做郎官，也就是皇帝的侍从，以后遇到机会就可以正式补官。

桑弘羊的富商家庭为他提供了通过赀选进入仕途的可能，于是，在父母的安排下，年仅 13 岁的桑弘羊到了长安，入宫侍奉比他大 3 岁的青年皇帝汉武帝刘彻。后来，他又被授予侍中的荣誉官衔，成了武帝身边的高级侍从。

主要思想

桑弘羊是中国历史上第一个提出不依靠农业富国的思想家。他主张由政府经营工商业以增加经济收入，认为盐铁专卖作为国家统一的财政收入，可"足军旅之费，务蓄积以备乏绝"，而不必增加农民的赋税负担；可防止豪商垄断生产经营，操纵物价，阻塞他们的"利途"；可缩小贫富差别，"以齐黎民"，缓和阶级矛盾。

在实践中，他对盐、铁、酒实行专卖，利用垄断价格，收取高额利润；实行平准法。创设均输法，调节商品流通，平抑市场价格。这些措施有力地打击了富商大贾的势力，减轻了人民负担，同时也增加了政府的收入。

为了保护小农经济和国家税源，桑弘羊主张抑制豪强兼并。强调"制其不足，调其不足""散聚均利""禁溢羡，厄利途"，防止"民有相妨之富"。他认为，实行盐铁专卖、平准均输正是为"绝并兼之路"，使"百姓可家给人足""山泽无征，则君臣同利；刀币无禁，则奸贞并行""臣富相侈，下专利则相倾"。

桑弘羊的理财思想和政策是从维护最高统治集团自身的利益出发的，但在当时封建国家财政因连年战争出现危机的情况下，能做到"民不加赋而国用饶"，制豪强之有余，补贫民之不足，并在一定程度上减轻人民的负担，这毕竟是一件好事，具有历史进步意义。

王 充

精诚所至，金石为开。

——王充《论衡》

简 介

王充（27—约97），字仲任，会稽上虞（今浙江上虞）人，东汉时期唯物主义思想家和无神论者。王充年少时就成了孤儿。后来到京城，到太学（中央最高学府）里学习，拜扶风（地名）人班彪为师。《论衡》是王充的代表作品，也是中国历史上一部不朽的无神论著作。

人物小记

王充小时候因成绩优异被保送到洛阳的太学深造，但是由于家境贫穷买不起书，他经常到洛阳的书摊上阅读想买的书。因从小聪慧，能过目不忘，经常进出书摊，于是精通了众流百家的思想。

由于东汉时期是豪族门阀统治时期，没有背景的人是进不了统治阶级的，虽然王充才学出众，却一生几乎没有当过官。王充学成之后，回到故乡，一面授徒讲学，一面开始自己的著述，他给后人留下的主要著作是《论衡》。

主要思想

王充处在自然科学和神学相互交织、对立的时代。他的哲学是对流行于汉代的"天人感应"论和谶纬之学的批判和否定，同时也是对扬雄、桓谭等人唯物主义无神论的继承和发展。

王充以"元气"为始基，建立了较为完整的唯物主义哲学体系。他用天地表示整个宇宙自然界，将天还原为自然之天，认为"夫天者，体也，与地同""天地，含气之自然"，指出天地之间充满元气，由元气产生万物。

王充发挥了黄老自然无为的思想，强调元气自然，否定"天人感应"。他说："夫人不能以行感天，天亦不随行而应人。"对于精神和物质的关系，王充明确指出，物质（形体）先于精神，精神是由物质派生的，人的精神不能离开形体单独存在。他比喻说："天下无独燃之火，世间安得有无体独知之精？"

同时，王充断然否定灵魂不灭，否定人死为鬼之说，认为人和万物都是由元气构成的。他说："人生于天地也，犹鱼之于渊，虮虱之于人也，因气而生，种类相产。""人，物也，虽贵为王侯，性不异于物。"指出人与物的不同，在于人有精神智慧。精神是人体内"精气"发生作用，精气依赖人的血脉，又称"血气"。他说："人之所以生者，精气也。""能为精气者，血脉也。"精神依附于人的生理结构，人死生理结构遭到破坏，精神也就散失了。

王充否定鬼神，以唯物主义无神论为武器，对谶纬神学种种荒诞不经之说展开了批判。

王 符

凡人君之治，莫大于和阴阳。阴阳者，以天为本，天心顺则阴阳和，天心逆则阴阳乖；天以民为心，民安乐则天心顺，民愁苦则天心逆。民以君为统，君政善则民和治，君政恶则民冤乱。

——王符《本政》

简介

王符（约85—162），字节信。安定临泾（今甘肃镇原）人。

东汉后期进步思想家。他一生隐居著书，崇俭戒奢、讥评时政得失。因"不欲彰显其名"，故将所著书名之为《潜夫论》。王符思想深刻、观点鲜明、文笔犀利，至今读其作仍给人一种淋漓畅快的感觉。

人物小记

相传，王符爱柏如痴，在七松亭山脊（即今潜夫山）植柏17行，每行24棵，除大殿、亭、阁占地外，植柏360棵，对新植之柏，均早起晚寝，挑水浇灌，途遇求饮者，慨然予之，一视同仁，穷富不偏。饮者过后，均避而弃之重挑，其叹曰："柏之清高，与人无争乎！"是年夏初陇上大旱，田禾半枯，危及新植之柏，王符挑水更为艰辛，但途遇求饮者，仍不推辞。

一日，土地神欲试王符之诚意，化一白须老翁，言：上七松亭玉皇庙乞雨，翁瘸喘，步履艰难，曲径蜿蜒，缓缓而上。王符挑水途经翁身边，翁求饮，符予饮之，避翁弃之复挑。二经翁身边，翁又求饮，符予饮之，避翁弃之再挑。三经翁身边，翁再求饮，符慨然予之，避翁仍弃复挑。时已烈日当空，符至山腰，翁不见踪迹。符念及翁年迈，疑其介意而避，故四处寻呼。土地神深感其善，上奏玉皇大帝，善感天地，赐降甘霖，滋润万物，百姓亦沾雨露皆感其恩。之后，王符挑水浇柏，知者均避之，渴不求饮，在镇原民间流传着这样的民谣："夫子挑水润柏王，宁愿渴死不敢尝。"虽是古老的传说，但王符事柏之诚、育柏之苦可见一斑。

主要思想

王符的哲学思想有唯物论倾向，认为天地万物的根源是元气。"上古之世，太素之时，元气窈冥，未有形兆，万精合并，混而为一，莫制莫御"，以后元气自然分化成阴阳，产生天地、万物和人类。天地人"三才异务，相结而成"，既相互联系，又各具特殊地位和作用。事物是运动变化的，有"盛衰"，有"推移"，"积微成显，积著成体"。这些都是气的作用。

在政治上，王符揭露了社会的种种黑暗和严重矛盾，要求改革吏治，爱惜民力，选拔贤能，不"以族举德，以位命贤"，反映了下层地主知识分子参加政权的要求。

王符反对卜筮、巫祝、看相、占梦等迷信活动，提倡学习，认为人的高贵在于聪明智慧，智慧、才能来源于学习。"虽有至圣，不生而知；虽有至材，不生而能""人不可以不就师矣"，否定有生而知之的圣人。

桓 谭

读千赋则善赋。

——桓谭

简介

桓谭（约前20—后56），东汉哲学家、经学家、琴家。字君山，沛国相（今安徽濉溪县西北）人。爱好音律，善鼓琴，博学多通，遍习五经，喜非毁俗儒。

人物小记

东汉光武帝刘秀即位后，征待诏，桓谭"上书言事失旨，不用"。后由大司空宋弘推荐，而任命桓谭为"议郎给事中"。他于治国方略，多有上疏。汉成帝时有所谓六经六纬。汉哀帝、汉平帝时谶纬盛行。王莽大加提倡，借以证明自己得天命该做皇帝。汉光武帝刘秀因谶纬有"刘秀""赤九"等预言，崇信更甚。他崇信谶纬，无非是要人们相信他是位真正受天命的皇帝。他用谶纬的说法来讲五

经，甚至用人行政也依据谶纬来决定。对此，桓谭上疏表示反对。刘秀"愈不悦"："其后有诏会议灵台所处"，帝谓桓谭曰："吾欲以谶决之，何如？"

谭默然良久，曰："臣不读谶。"帝问其故，谭复极言谶之非经。帝大怒曰："桓谭非圣无法，将下斩之。"桓谭叩头流血，良久乃得解。出为六安郡丞，意忽忽不乐，道病卒，时年七十余。由于桓谭反对图谶，而被刘秀视为"非圣无法"，几乎招来杀身之祸。后虽被免死，却被贬官，在赴六安途中病卒。

主要思想

桓谭是两汉之际唯物主义哲学家。西汉末年，谶纬泛滥。谶是一种托言天意的预言或隐语。王莽篡位，曾利用谶语，伪造符命；光武帝刘秀也用它作为夺取政权和巩固统治的工具，中元元年颁布"图谶"于天下。桓谭坚决反对谶纬。他说："谶出《河图》《洛书》，但有朕兆而不可知，后人妄复加增依托，称是孔丘，误之甚。"（《新论》）他屡次向光武帝上疏，极力指斥谶是奇怪虚诞之事，非"仁义正道"，只能"欺惑贪邪，诖误人主"，对政治十分有害。桓谭总结王莽、楚灵王等"好卜筮，信时日，而笃于事鬼神"，以至国破身亡的历史教训，指出："国之废兴，在于政事，政事得失，由乎辅佐"，与是否信神祭鬼无关。

桓谭还指出灾异是一种自然现象。"灾异变怪者，天下所常有，无世而不然。"只要"修德善政、省职慎行以应之"，就可以转祸为福。从而有力地反对神学的欺骗宣传。

桓谭在反仙道的斗争中，提出了关于形神关系的新见解。先秦以来认为精神是一种精气，无须依存于形体。桓谭指出："精神居形体，犹火之燃烛矣""烛无，火亦不能独行于虚空"。他明确肯定精神不能脱离形体而存在，为唯物主义解决形神关系指明了方向。

仲长统

人事为本，天道为末。

——仲长统

简介

仲长统（180—220），字公理，山阳郡高平（今山东省微山县两城镇）人。东汉哲学家、政论家。

人物小记

仲长统从小好学，博闻强识，擅长文辞。二十多岁的时候，到山东、河北、江苏等地游学，与他交朋友的人多对他另眼相看。并州刺史高干曾向仲长统请教当时之事，仲长统对他说："你有雄志而无雄才，喜欢士人而不能择人，令人担忧。"高干很自负，不把仲长统的直言当回事。不久，高干起兵反叛，被王琰抓住杀死，从此史家都佩服仲长统的远见。仲长统性格豪放，敢于直言，不拘小节，被时人称为狂生。他不愿做官，很想找一个清静的地方，以乐其志。尚书令荀彧久闻仲长统大名，钦佩他的才华，提拔他做了尚书郎。后来仲长统还参与丞相曹操的军务。仲长统每论说古今及时俗行事，常发愤叹息，因此把他的书称作为《昌言》，恰恰可与王符的《潜夫论》相对比。

主要思想

仲长统反对传统的天命说，提出"人事为本，天道为末"的观点。

认为二主（汉高祖、光武帝）、数子（萧何、霍光等）之所以威震四海，是"唯人事之尽耳，无天道之学焉"。

在农业生产上，仲长统认为"天为之时，而我不农，谷亦不可得而取之"。他指出，"和神气，惩思虑，避风湿，节饮食，适嗜欲，此寿考之方也。不幸而有疾，则针石汤药之所去也"。如果舍此"人事"，一味追求"淫厉乱神之礼""张（欺诳）变怪之言""丹书厌胜之物"，这是"通人所深疾"的。他说："知天道而无人略者，是巫医卜祝之伍，下愚不齿之民也；信天道而背人事者，是昏乱迷惑之主，覆国亡家之臣也。"

仲长统把朝代的兴亡分为兴起、保守、没落三个阶段，认为这是天道常然之大数。王朝的兴起是通过战争胜利取得的，灭亡的根本原因则是政治腐败，"怨毒无聊""祸乱并起"，并非天意使然。他有力地反对了天命神学的历史观。

愤于社会黑暗腐败，仲长统年轻时曾有出世隐居思想，认为"名不长存，人生易灭"，不如"叛散五经，灭弃风、雅"。他"思老氏之玄虚""求至人之仿佛"，成为儒道合流的先驱；他的"狂生"风度，对于魏晋具有某种开风气之意。

从个体养生来说，奉养过厚，并非好事。仲长统认为，今人不像古人那样长寿，正因"所习不纯正"，由个人淫乐，到影响后代，使得今人先天不足，疾病难医，少高寿之人。

对于养生，仲长统形象地提出自己的人生理想，即一种隐居避世、养性保寿的养生术："使居有良田广宅，背山临流，沟池环布。木周布，场圃筑前，果园树后。舟车足以代步涉之艰，使令足以息四体之役。养亲具兼珍之馔，妻孥无苦身之劳。良朋萃止，则陈酒肴以娱之；嘉时吉日，则烹羔豚以奉之。蹰躇畦苑，游戏平林，濯清水，追凉风，钓游鲤，弋高鸿。讽于舞雩之下，咏归高堂之上。安神闺房，思老氏之玄虚；呼吸精和，求至人之仿佛。"

何　晏

仁者不以盛衰改节，义者不以存亡易心。

——何晏

简介

何晏（？—249），字平叔，南阳宛县（今河南南阳）人，魏晋玄学贵无论创始人之一。

人物小记

何晏是汉大将军何进之孙，曹操为司空时，将他的母亲纳为妾，何晏跟着母亲来到曹操家。何晏不但生来俊秀，还很聪明伶俐，曹操很喜欢他，想让他改姓，当自己正式的儿子，本以为他年龄还小，可以很快地融进曹家。但何晏是个很倔、很不容易被笼络的孩子，他经常一个人玩自创的游戏：在曹府的地面上画一小块方形，自己待在里面不出来，也不许别人踏足，谁踩到了就会被他驱赶，谁要进来则必须通报。别人问他为什么，他说："这是何家的房子。"在曹家的大院里，他一直有这么一块虚拟的独立地盘，这令曹家人多少有些失望和不快。他的何姓也一直没有改。

何晏虽然深受曹操喜爱，但时常遭受曹操亲儿子的欺负，特别是自认很有男人味和豪杰气的长子曹丕。出游的时候，曹丕打着呼哨跑得飞快，对落在后面被甩单的何晏喊道："喂，假子！跑快点！"在他嘴里，何晏是没有名字的，只有个代号"假子"。

主要思想

何晏主张儒道合同，引老以释儒。何晏在《道论》中明确表述说："有之为有，恃'无'以生，事而为事，由无以成。""无"是何晏对《老子》《论语》中"道"的理解。他认为，天地万物都是"有所有"，而"道"则是"无所有"，是"不可体"的，所以无语、无名、无形、无声是"道之全"。

何晏与王弼在论证"以无为本"这一点上基本是一致的，但在"圣人体无"的理解上则有显著差别。何晏认为"圣人体无"，故无喜怒哀乐之情。王弼则认为，"圣人茂于人者神明也，同于人者五情也"。

何晏认为"无"或"道"是天地万物的本原，"无"能"开物成物，无往而不存"；"有"也要靠"无"以生。他重视"自然"，轻视"名教"，认为无为而治的君王最好。

向　秀

读之者超然心悟，莫不自足一时。

——《晋书·向秀传》

简　介

向秀（约227—272），字子期，河内怀（今河南武陟西南）人，魏晋竹林七贤之一。官至黄门侍郎、散骑常侍。

向秀雅好读书，与嵇康、吕安等人相善，隐居不仕。景元四年（公元263年），嵇康、吕安被司马氏害死，向秀应本郡的郡上计到洛阳，受司马昭接见，任散骑侍郎、黄门散骑常侍、散骑常侍，与任恺等相善。向秀喜谈老庄之学，曾注《庄子》，"妙析奇致，大畅玄风"（《世说新语·文学》）。注未成便过世，郭象承其《庄子》余绪，成书《庄子注》33篇。另著《思旧赋》《难嵇叔夜养生论》。

人物小记

向秀小时候家里很穷，经常是吃了上顿没下顿，所以对食物特别珍惜，从小养成了节约粮食的好习惯。他入朝为官后，有了丰厚的俸禄，完全可以过上流社会的生活，但他却把钱财广济穷人，自己仍然保持着穷家子弟的简朴作风。

晋武帝泰始五年（公元 269 年），向秀家乡一冬无雪，春旱无雨，田地里的麦苗长得稀稀落落，老百姓欲哭无泪，忧心忡忡。向秀得知家乡的灾情后，多方筹款购买粮米运回家乡，还带领家里人每天在京城的各个饭店收集遗弃的馍饼和米饭，回到家选择还能食用的切成馍片、拍成饭饼，晒干后妥善地储存起来。这些干粮被混在一起，装入麻袋。向秀给它们起了一个很好听的名字，叫"金银饼"。日积月累，装满了金银饼的麻袋垛满了向秀所住的屋子。

当年秋天，向秀的家乡闹起了蝗灾，庄稼颗粒无收。临近年关，十家有九家揭不开锅，很多人饿得奄奄一息。向秀得知这个消息后，就雇佣了十几辆牛车把储存的"金银饼"全部运回了家乡。在这生死关头，村里人吃上了"金银饼"，男女老少都赞颂向秀是他们的大救星。

主要思想

向秀思想的基本面貌是"好老庄之学"。他的主要观点表现于《庄子注》中。史书中记载，向秀在《庄子注》中阐发的思想观点，后来由他的同时代人郭象"述而广之"，历史上也曾经出现过向秀著《庄子注》和郭象著《庄子注》两个版本，两个版本的思想观点大体一致，因而，要研究向秀的思想，现在所见的郭象著的《庄子注》应该是重要的依据。

杨　泉

> 以信接人，天下信人；不以信接人，妻子疑之。
>
> ——杨泉

简　介

杨泉，生卒年不详，字德渊，梁国（今安徽砀山）人，会稽郡（今浙江绍兴）处士，三国西晋时期哲学家。太康元年（280 年）晋灭吴后，杨泉被征，不久隐居著述，仿扬雄著《太玄经》14 卷，又著《物理论》16 卷、集 2 卷。

人物小记

据史书记载，晋灭吴后，会稽相朱则曾上书晋武帝推荐说："杨泉清操自然，征聘终不移心，诏拜泉郎中"，他拒不就任。《隋书·经籍志》称他拒晋"征士""处士"，表明他与东吴和西晋门阀士族集团不合作。他一生没有做过官，是一位闭门著书的隐士。因他隐居不仕，正史无传，著作久佚，宋代以后长期湮没无闻。《隋书·经籍志》说："梁有杨子物理论十六卷，杨子太玄经十四卷（《隋书》卷三十四）。"

主要思想

杨泉生活在汉末战乱之后的江南经济恢复时期。他坚持唯物主义思想，总结了自然科学的成果，对当时北方兴起的玄学思潮和与之合流的佛教神学，进行了尖锐的批判。他综合两汉以来"浑天""宣夜"两派天体学说的积极成果，坚持气一元论的宇宙观，提出了"地有形而天无体"的唯物主义命题。他认为，天地万物是由"气"构成的，而"气"是由"水"产生的。宇宙间充满元气，别无他物，这是对"宣夜说"的哲理概括。杨泉用"元气"来解释自然界的各种物体和现象。他说:"日者,太阳之精也。""星者,元气之英也。"他认为天体也是气的精华形成的。

杨泉用人的生理现象做比喻来解释自然界。他认为,世界万物由气而成,气产生万物,和人体的发育一样,是自然而然的,不需要外来的神秘力量。这些解释当然是不科学的。而杨泉的历史贡献,主要在于用"气"或"元气"来说明自然现象都以"气"为体,这在当时与玄学家们所宣扬的"贵无论"是根本对立的。

杨泉坚持了唯物主义无神论的形神观和生死观,对当时佛教所宣扬的神不灭论,给以明确的否定。杨泉贯彻了他的气一元论的唯物主义原则。他认为万物以气为生,因此,"人,含气而生,精尽而死。死,犹澌也,灭也。"他用火来比喻人的生死,认为薪尽而火灭,则无光矣。既然人死如火灭,而火灭则无光,因此,所谓人死之后精神不灭,就完全是骗人的鬼话了。

阮　籍

人生若尘露,天道邈悠悠。

——阮籍

简介

阮籍(210—263),三国魏诗人,字嗣宗,陈留尉氏(今属河南)人,是建安七子之一阮瑀的儿子。曾任步兵校尉,世称阮步兵。崇奉老庄之学,政治上则采取谨慎避祸的态度。与嵇康、刘伶等七人为友,常集于竹林之下肆意酣畅,世称"竹林七贤"。

人物小记

竹林七贤的代表人物阮籍，一直在司马懿、司马师父子两代人手下担任禁军司令。司马师死后，其弟司马昭继位，阮籍仍为禁军司令。

一天，官差来禀报，说有人杀死其生母，阮籍听了之后说道："杀父亲尚可原谅，怎么可以杀母亲呢？"

同僚听后，脸色大变，而司马昭则大声斥责他说："杀父乃罪大恶极，不要胡言乱语。"

"不，所有的禽兽只认得母亲，不认得父亲。杀了父亲如同禽兽，杀了母亲禽兽不如！"阮籍辩解说。

阮籍能够以黑眼、白眼分别待人。若一位貌似"君子"的人前来拜访，他会瞪起白眼看他；但如果来的是一位意气相投的伙伴，他就闪动着黑眼珠以示欢迎。因为他的这一作风，所有卫道人士对

阮籍无不恨之入骨。

主要思想

在自然观方面，阮籍认为，天地是自然而然，自己生成的；万物是由天地所生。他认为"道"为世界的本原，说："道者法自然而为化。侯王能守之，万物将白化。《易》渭之太极，《春秋》谓之元，《老子》谓之道。"在论证自然界运动变化时，阮籍认为自然界与万物之间相互联系，和谐一致，"变化而不伤"。在论证音乐和自然的关系时，他认为，和谐是天地万物之性，圣人作乐，因此音乐的和谐是自然界和谐的体现。关于人体和自然的关系，阮籍认为，人的形体和精神都是自然界的产物。

关于名教与自然的关系，阮籍在他不同的著作中表现出不同的倾向。他从天地万物"自然一体"的思想出发，指责儒家学说是制定名分、分别彼此的"分处之教"，违背了自然。他认为古代的"自然"社会没有君臣、名教，没有等级贵贱，人们"各从其命，以度相守""盖无君而庶物定，无臣而万事理"；君臣、名教产生之后，社会上的一切丑恶现象就与之俱生，"君立而虐兴，臣设而贼生，坐制礼法，束缚下民。欺愚游拙，藏智自神。"他谴责统治者"竭天下万物之至，以奉声色无穷之欲"，对人民强取豪夺；讽刺虚伪的礼法之士，是寄生在裤中的虱子，他们借以"诈伪以要名"的礼法则是"天下残贼、乱危、死亡之术！"

嵇 康

内不愧心，外不负俗，交不为利，士不谋禄，鉴乎古今，涤情荡欲，何忧于人间之委曲？

——嵇康

简介

嵇康（223—262 或 224—263），字叔夜，原姓奚，祖籍会稽（今浙江绍兴），后迁至谯郡铚县（今安徽省宿州市西），改姓嵇。三国魏文学家、思想家、音乐家，"竹林七贤"之一，与阮籍齐名。嵇康与魏宗室通婚，曾任中散大夫。他崇尚老庄道学，著有《养生论》。"竹林七贤"之一的山涛投靠司马氏后任吏部尚书，劝嵇康出仕，嵇康写《与山巨源绝交书》加以拒绝。嵇康善于鼓琴，以弹奏《广陵散》闻名于世，但是由于他对司马氏当权不满，最终遭到司马昭的心腹钟会的陷害，在年仅 40 岁时被处死。

人物小记

嵇康与向秀在洛邑打铁时，大将军钟会久闻嵇康的大名，带了一大帮官员子弟前去拜访时，嵇康仍旧蹲在地上打铁，不予理睬。

过了一会儿，嵇康问道："你听见了什么而来？看见了什么而去？"钟会答说："听见该听见的而来，看见该看见的而去。"从此对嵇康怀恨在心。

司马氏夺权后，山涛推荐嵇康去做官，刚烈正直的嵇康写了《与山巨源绝交书》，断然拒绝。他称自己嫉恶如仇，"不喜俗人"，不愿与礼法之士同流合污，也不会"揖拜上官"、阿谀奉承。

主要思想

嵇康的自然观受到王充唯物主义元气自然论的影响，认为万物的产生是元气陶铄的结果。他说："元气陶铄，众生禀焉。"认为宇宙充满了浩浩无边的元气，由阴阳二气的结合，衍化出天地万物；人类最初也是由阴阳二气而来的。

嵇康肯定了外物的客观实在性，他在论述"声无哀乐"时指出，客观的声音与人的主观情感是两种不同的事物。同时主张"因事与名,物有其号",认为名是事物的标识,同一事物因为地域、风俗不同,会有不同的名称,名号是根据事物的具体情况制定的。

嵇康还主张形神相序,反对形神相离,形神互相依赖才可维持人的生命活动。但是,形与神相比,神更重要。嵇康反对寿夭命定说,认为只要劳逸适当,注意调养,就能祛病延年。嵇康虽然反对命定论,但却认为宅有吉凶,相信有长生不死的神仙。这反映出他思想中的矛盾。

嵇康反对司马氏提倡的虚教,强调名教与自然对立,主张"越名教而任自然"。他认为,人性"好安而恶危,好逸而恶劳",向往"不逼""不扰"的自然生活。而儒家的经典、礼律,则不仅束缚人性,而且引导人们争名逐利,使人变得虚伪狡诈。因此他主张"从欲""全性",恢复自然的人性,排斥礼律。

诸葛亮

> 鞠躬尽瘁,死而后已。

——诸葛亮

简介

诸葛亮（181—234）,字孔明,号卧龙（也作伏龙）,汉族,琅琊阳都（今山东临沂市沂南县）人,三国时期蜀汉丞相、杰出的政治家、军事家、发明家、文学家。在世时被封为武乡侯,死后追谥忠武侯,东晋政权特地追封他为武兴王。诸葛亮为匡扶蜀汉政权,呕心沥血,鞠躬尽瘁,死而后已。其代表作有《前

出师表》《后出师表》《诫子书》等。曾发明木牛流马等，并改造连弩，可一弩十矢俱发。于 234 年在陕西省岐山县五丈原逝世。诸葛亮在后世受到极大尊崇，成为后世忠臣的楷模、智慧的化身。成都、汉中、南阳等地有武侯祠，杜甫作《蜀相》赞诸葛亮。

人物小记

诸葛亮是中国历史上著名的政治家、军事家，是人们心中智慧的化身。不仅如此，而且在外貌上他也极为出众，相传诸葛亮"身长八尺，面如冠玉，头戴纶巾，身披鹤氅"。他年轻的时候就以学识渊博、才华出众而名扬遐迩，向他求亲的人很多，但他都一一谢绝了。一些人诧异地问道："到底要选什么样的人做妻子呢？"他轻摇羽扇，笑而不答。

一天，黄承彦拄着拐杖来串门，说："听说先生在择亲，好多花容月貌的女子您都不要。这确实吗？"诸葛亮点点头。黄承彦凑过来，说："我有个女儿，相貌一般，可是品德和才能却是突出的，不知您意下如何？"诸葛亮早就听说黄承彦的女儿聪明、贤惠，于是便欣然同意了。

诸葛亮订亲的消息立刻传开了。娶亲的当天，贺客很多，大家猜想诸葛亮的妻子一定是个绝色女子，都想看个究竟。但当见到新娘子的模样时，大家都很失望：皮肤黑，头发黄，模样丑陋。诸葛亮不但不嫌弃妻子的容貌，相反，他迎来送往，满脸春色。

诸葛亮自从有了这位贤惠的夫人后，家里安排得井井有条，大小事都不用操心，于是便专心致志地读书，研究政治、军事，最终帮助刘备开创了蜀汉事业。

主要思想

根据社会的发展变化，及时调整统治策略，以适应和满足特定的社会需求，这是东汉末期以来思想界的共识，即所谓"事异则备变"。诸葛亮十分赞同这种观点，主张"应权通变，弘思益远"，这是其法治思想的理论基础。

在诸葛亮的法治思想中，执法严明、赏罚必信是其突出特点之一。诸葛亮推崇孙武、吴起的治国、治军才能，并指出"孙、吴所以能制胜于天下者，用法明也"。他认为在法治的具体实施过程中，关键问题是如何运用好"赏""罚"这两个基本手段，来达到治理的目的。

在执法过程中，坚持公平无私，反对"法开二门"是诸葛亮法治思想的又一特色。诸葛亮公开宣称自己"吾心如秤，不能为人作轻重"，并力主做到"进有厚赏，退有严刑，赏不逾时，刑不择贵"，不因为身份地位的不同而曲法徇情。他告诫各级官吏既不能循情废法，也不能因人而法异，应赏罚公允，一视同仁。

诸葛亮在积极推行法治的同时，并没有忘记德治的重要性。在

他看来，如果单纯强调严刑峻法而忽视礼义教化，不去解决人们思想深处的问题，其结果只能是"三纲不正，六纪不理，则大乱生矣"，同样难以达到为政的目的。

同时，诸葛亮认为统治者应当积极对臣民进行道德和法制教育，帮助臣民树立正确的守法观念，"陈之以礼义而民与行，示之以好恶而民知禁"，这样才能最终实现"非法不言，非道不行"的理想状态。

王 弼

凡物穷则思变，困则谋通。

——王弼

简介

王弼（226—249），字辅嗣，山阳（今河南焦作）人，三国时期魏国玄学家，玄学贵无论的创始人之一。

人物小记

王弼在少年时就"好老氏，通辩能言"。他曾与当时许多清谈名士辩论各种问题，以"当其所得，莫能夺也"，深得当时名士的赏识。王弼为人高傲，"颇以所长笑人，故时为士君子所疾"。

王弼虽然年纪不大，却已为《老子》作注。当时的大学问家、正始玄学的领袖何晏，比王弼大近40岁，也曾为《老子》作注，听说王弼已为《老子》作注，大为惊奇，乃亲至王弼处。相见之后，何晏见王弼注文，自觉精奇无比，大为叹服。由此两人竟成为忘年之交，共同创立了魏晋玄学派。在何晏的推荐下，王弼被任命为尚书郎。

主要思想

王弼在关于"以无为本"的理论中，强调"夫无不可以无明，必因于有。故常于有物之极，而必明其所由之宗也"。认为，作为万物之宗的"无"，不能独立自明，必须通过"有"，从天地万物的存在上去明了，"无"是万物的"所由之宗"。

王弼强调万物存在的统一根据，认为此根据表现在万物之中，只有通过万物才能把握它。这种理论在思维上有相当的深度和意义。但是，他把这统一根据归结为"无"，而且又把它夸大为一个不随万有变动的绝对的根据。他说："天地以本为心者也。凡动息则静，静非对动者也；语息则默。默非对语者也。然则天地虽大，富有万物，雷动风行，运化万变。寂然至无，是其本矣"（《周易·复卦》注），从而陷入了唯心主义和形而上学。王弼很强调"无"的"自然无为"，他认为万物都表现为一种必然性，即所谓"物无妄然，必由其理"。王弼的这些思想对以后宋明理学有相当大的影响。

王弼的《易》学，一反两汉象数之学，而提倡领会玄旨的义理之学。他在《周易略例·明象》中提出了"寻言以观象""寻象以观意""得象而忘言""得意而忘象"的解《易》方法。特别强调"得意"的重要，认为："存象者，非得意者也""忘象者，乃得意者也"。

王弼提出的"得意忘象"只取其精神而无视其形式，是一种摈斥象数之学"存象忘意"的新的解《易》方法，也是王弼建立"以无为本"理论体系所依赖的根本方法，具有普遍的玄学认识论和方法论意义。王弼曾明确声称："无""不可以训""况之曰道，寂然无体，不可为象，是道不可体，故但志慕而已。"他认为，作为万物之本的"无"，无言无象，如果只停留在言象上，不可能达到对"无"的认识和把握。王弼认为，"无"不能自明，必须通过天地万物才能了解，从方法论来讲，也就是"意以象尽""寻象以观意"的意思。而之所以能以象观意，那是因为"有生于无""象生于意"。

因此，从"以无为本"的理论上讲，必然得出"忘象得意"的结论，也必须运用"忘象以求其意"的方法去把握"无"。王弼这一方法论，包含通过现象探求本质的合理因素。但由于过分强调"得意在忘象"，片面夸大"立言垂教"，而"弊至于湮"，进而认为，圣人"神明茂，故能体冲和以通无"，从而带上了神秘主义的色彩。"得意忘象"作为一种方法论，不仅对玄学贵无理论的建立有重要意义，而且对当时佛教理论在中国的传播也起了重要作用。

裴 頠

裴頠逸民称谈薮，

何王贵无我崇有。

无为乃是君王事，

臣子安得拱其手。

——黄玉顺《咏裴頠》

简介

裴頠（267—300），字逸民，河东闻喜（今山西绛县）人，魏晋时期哲学家，其父为魏晋著名学者裴秀。裴頠自幼发奋读书，博学弘雅有远识。当时的人们称他为"言谈之林薮"。

人物小记

裴頠，裴秀之子。西晋时期重要的朝臣，也是当时的名士。生于晋武帝泰始三年，卒于惠帝永康元年，年34岁。

裴頠曾祖父裴茂，后汉灵帝时历任郡守、尚书；祖父裴潜；父裴秀。裴頠少时聪悟有识，很早就以善谈《老子》《易经》而知名于世。

他弘雅有远识，惠帝时为国子祭酒，兼右军将军，以诛杨骏功，封武昌侯奏修国学，刻石写经累迁尚书。每授一职，他都殷勤固让，博引古今成败以为言。进尚书左仆射，专任门下事。后为赵王伦所害。惠帝反正，追谥成。

頠患时俗浮虚，着崇有论以释其蔽。他的著作有《崇有论》和《辩才论》。《辩才论》大概是讨论当时所谓才性问题的，还没有写成，他就被害了。现在流传下来的只有《崇有论》，《晋书》把它完全载入裴頠的传中。有文集十卷（《唐书经籍志》和《隋书》注作九卷）传于世。

主要思想

裴頠的思想可以概括为以下几点：首先，裴頠认为，总括万有的"道"，不是虚无，而是"有"的全体，离开万有就没有独立自存的道，道和万有的关系是全体和部分的关系。他的观点有力地批驳了"贵无"派认为万物背后有"道"、万有背后有"无"的唯心主义观点。

其次，他主张世界万物是互相联系、互相依赖的，并不需要有一个虚无的"道"来支持，万有并不以"无"作为自己存在的条件。

再次，万有最初的产生都是自本自生，万有既然是自生的，则其本体就是它自身，"无"不能成为"有"的本体。在裴頠看来，万物的本体就是事物自身的存在，万物皆因"有"而生成，不能从"无"而派生。同时他又认为，"无"是"有"的丧失和转化。

最后，他认为，"无"不能对事物的存在和发展起积极作用，只有"有"才对事物的发展变化起积极的影响。他说："心非事也，而制事必由于心，然不可以制事以非事，谓心为无也；匠非器也，而制器必须于匠，然不可以制器以非器，谓匠非有也。"也就是说，心灵和实践是两码事，不能认为心是无的。工匠不是器物，但是制造器物必须依靠工匠。

裴頠认为，《老子》的主旨在于通过对"本"的强调，提醒人们不要舍本逐末。但是后来魏晋时期的贵无论者背离《老子》的本来宗旨，"遂阐贵无之议，而建贱有之论""深列有形之敝，盛称空无之美"，玄风愈煽愈炽，于是整个社会盛行清谈之风，背离社会现实。裴頠认为按照贵无贱有的论断，必然取消伦理价值。

郭　象

> 天下莫不相与为彼我，而彼我皆欲自为，斯东西之相反也。然彼我相与为唇齿，唇齿者未尝相为，而唇亡则齿寒。故彼之自为，济我之功弘矣，斯相反而不可以相无者也。
>
> ——郭象

简介

郭象（252—312），西晋时玄学家，字子玄，河南洛阳人。官至黄门侍郎、太傅主簿。好老庄，善清谈。曾注《庄子》，由向秀注"述而广之"，别成一书，"儒墨之迹见鄙，道家之言遂盛焉"。后向秀注本逸失，仅存郭注，流传至今。

人物小记

郭象反对有生于无的观点，认为天地间一切事物都是独自生成变化的，万物没有一个统一的根据，在名教与自然的关系上，他调和二者，认为名教合于人的本性，人的本性也应符合名教。他以此论证封建社会的等级制度的合理性，认为社会中有各种各样的事，人生来就有各种各样的能力。有哪样能力的人就做哪一种事业，这样的安排既是出乎自然，也合乎人的本性。

主要思想

郭象不赞成把名教与自然对立起来，认为名教完全合于人的自然本性，人的自然本性的发挥也一定符合名教。他认为，仁义等道德规范就在人的本性之中，说："仁必自是人之情性。"他分析说，表面看来借助于外力的名教规范，其实存在于自身的自然本体之中。"牛马不辞穿落者，天命之固当也。苟当乎天命，则虽寄之人事，而本在乎天也。"郭象还认为，物各有性，而"性各有分"。一切贵贱高下等级，都是"天理自然""天性所受"，人们如果"各安其天性"，则名教的秩序就自然安定了。因此，名教与自然两者是不矛盾的。他不赞成把"有为"和"无为"截然对立起来，认为人们把"无为"理解为"拱默乎山林之中"，是完全错误的。其实，所谓"无为"者乃"各用其性，而天机玄发""率性而动，故谓之无为也"。即只要是顺着本性，在本性范围之内的一切活动，就是"无为"。所以他说："圣人，虽终日见形，而神气无变；俯仰万机，而淡然自若。""虽在庙堂之上，然其心无异于山林之中。"从而在"各安其天性"前提下把"有为"和"无为"统一了起来，即所谓"各当其能，则天理自然，非有为也""各司其任，则上下咸得，而无为之理至矣"。

郭象主张名教即自然，自然即名教，构成了一套即本即末，本末一体的"独化论"体系。郭象"独化论"的中心理论是，天地间一切事物都是独自生成变化的。万物没有一个统一的根源或共同的根据，万物之间也没有任何的资助或转化关系。所以他说："凡得之者，外不资于道，内不由于己，掘然自得而独化也。""万物虽聚而共成乎天，而皆历然莫不独见矣。"他反对王弼等把"无"说成是统摄天地万物生成、变化的共同本体的理论，声称"无既九矣，则不能生有""不能生物"。并且进一步明确指出，"上知造物无物，下知右物之自造""自生""自得""自尔"等等。独化论充分肯定"物皆自然"，反对造物主，否定"有生于无"等观念，具有合理的因素。但独化论同时认为，不仅"无"不能生"有"，而且"有"也不能生"有"，而是"物各自造，而无所待焉"。这样，郭象一方面把"物各自生"引向"突然而自得""颓然自尔""无故而自尔""不知其所以然而然"的神秘主义；另一方面他又把各个"自生""独化"的"有"，夸大为永恒的绝对，即所谓"非唯无不得化而为有也，有亦不得化而为无矣。是以夫有之为物，虽千变万化，而不得一为无也"。

葛　洪

劳谦虚己，则附之者众；骄慢倨傲，则去之者多。

——葛洪

简介

葛洪（约281—341），字稚川，自号"抱朴子"。丹阳句容（今江苏句容县）人。晋代思想家、道教学者、医药学者、炼丹术家。

人物小记

葛洪13岁时，父亲去世，家境从此衰落，生活愈发艰难，小小年纪的他就挑起了生活的重担。

白天，葛洪干完活，再砍一捆柴火回家。因为家里穷，没钱买书，葛洪就向别人借书来抄。晚上，他点着柴火，借火光看书。三更天时，母亲催促他说："孩子，怎么还不睡呢？明天不是要去田里干活吗？"

"母亲，您睡吧，我再抄一会儿就睡。"葛洪温和地说道。

四更天时，母亲醒来时，看见葛洪还在抄书，就心疼地劝他赶快睡觉。葛洪说："您让我再抄一会儿吧，这书是从别人那里借来的，我答应明天归还。借别人的东西，说什么时候还，就什么时候还，不能失信于人。不然，下次怎么好再开口向别人借呢？"于是，葛洪一直抄到天亮才把书抄完，并且按时把书还给了书的主人。

葛洪在20岁左右时，就因为学识渊博远近闻名了，他还在化学、医学方面取得了突出的成就。

主要思想

葛洪首次将"玄"的概念作为道教思想体系的核心，认为"玄"是自然的始祖、万物的大宗，它的作用，能使"乾以之高，坤以之卑，云以之行，雨以之施。胞胎元一，范铸两仪，吐纳大始，鼓冶亿类"。

这个超自然的"玄"是创造天地万物之母，无以名之，名之曰"玄"。他认为"玄"即是"道"。说："片言道者，上自二仪，下逮万物，莫不由之。""道也者，所以陶冶百氏，范铸二仪，胞胎万类，酝酿彝伦者也。"所以他又称之为"玄道"。葛洪把修炼玄道视为成仙的途径，说"道也者，逍遥虹霓，翱翔丹霄，鸿崖六虚，唯意所造"。他认为修仙的人在于冥思玄道。这个神秘的玄道，是葛洪对道教思想的一种新发展。

葛洪不但创建了道教思想的体系，而且是东晋以前神仙方术的集大成者。在炼丹史上他第一次辑录了许多曾经失传的炼丹著作，并首次详细记载了许多炼丹的方法。《金丹》《黄白》两篇中有些方法和理论是实验的记录和总结，具有一定的科学价值。炼丹家往往兼长医学，现存葛洪的《肘后备急方》，在若干病症的医疗方面，

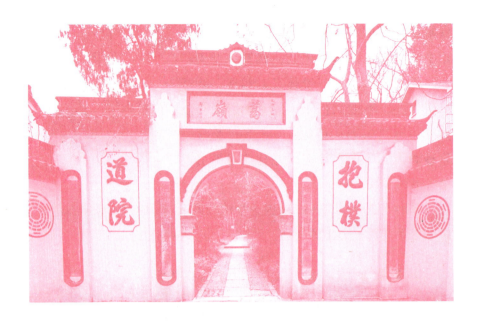

为临床经验的总结，有独到之处。这都说明他不仅是位道教理论家，又是原始化学的实验家和医学家。他论物类变化，重视人工制造，认为人工可以此奉天工。如"铅性白也，而赤之以为丹；丹性赤也，而白之而为铅。云雨霜雪，皆天地之气也，而以药作之，与其者异也。"这里说的以人工方法制造云、雨、霜、雪的思想新颖，同时也具有科学意义。

道 安

　　昔有晋朝道安法师，科判诸经以为三分：序分、正宗、流通分。

——良贲《仁王经疏》

简介

道安（314—385），本无宗的代表人物，俗姓卫，常山扶柳（今河北冀州）人。东晋时杰出佛教学者。

人物小记

东晋孝武帝太元四年，当秦王苻坚攻克襄阳时，他曾说："朕以十万之师攻取襄阳，唯得一人半。"此一人指的正是一代高僧道安大师。

道安本姓卫，他自幼聪敏，12岁出家，后追随佛图澄为师，甚受佛图澄的赏识。因北方战乱，道安南下襄阳，并在此居住了十五载。后来，道安来到长安，生活7年后辞世。道安著述、译经很多，对佛教贡献很大。自汉以来，佛学有两大系：一为禅法，一为般若。道安实为二系之集大成者。他提倡"本无"（即性空）之学，为般若学六家之一；他确立戒规，主张僧侣以"释"为姓，为后世所遵行。他的弟子甚多，遍布南北，慧远、慧持等名僧皆出其门下。道安是当时译经的主持者，在他的监译下，译出了《四阿含》《阿毗昙》等经，共百余万言。他对以前的译本做了校订和整理工作，并编出目录。其提出的翻译文体问题和"五失本""三不易"的翻译原则，对后世影响颇大。他博学多识，以才辩文学著称，文章为当世文人所重。

道安重视般若学，一生研讲此系经典最多，同时重视戒律，搜求戒本至勤，又注意禅法，对安世高所译禅籍注释甚多。由于道安综合整理了前代般若、禅法、戒律等系佛学，遂使原本零散的佛学思想，得以较完整的面目呈现于世，因此，道安大师被视为汉晋间佛教思想的集大成者。又因道安大师出生时手臂多长一块皮肉（皮手钏），时人即称之为"印手菩萨"。

主要思想

"五失本，三不易"：即是有五种失原本之义并三种之不容易者。"译胡为秦，有五失本也：一者，胡语尽倒而使从秦，一失本也。二者，胡经尚质，秦人好文，传可众心，非文不合，斯二失本也。三者，胡经委悉，至于叹咏，叮咛反复，或三或四，不嫌其烦，而今裁斥，三失本也。四者，胡有义说，正似乱辞，寻说向语，文无以异，或千五百，刈而不存，四失本也。五者，事已全成，将更傍及，反腾前辞，已乃后说，而悉除此，五失本也。然般若经三达之心，覆面所演，圣必因时，时俗有易，而删雅古，以适今时，一不易也。愚智天隔，圣人叵阶，乃欲以千岁之上微言，传使合百王之下末俗，二不易也。阿难出经，去佛未远，尊者大迦叶令五百六通迭察迭书，今离千年而以近意量裁，彼阿罗汉乃兢兢若此，此生死人而平平若此，岂将不知法者勇乎，斯三不易也。"

道安的哲学思想主要是"本无论"。道安认为，世界于空、无等自然状态经由元气变化而成，故称本无，而不可称万有可自空、无中产生。道安的本无思想，只是把无看作无形无象的状态，并非把无看作完全的空无。道安并不否认外物存在的观点，道安的"本无论"也不是专论宇宙观，主要还是佛教的修行法。道安还认为，研究般若经典不能单用"考文、察句"的方法，而要披开繁复的文句体会它的精神实质。

寇谦之

并教生民，佐国扶命。

——寇谦之

简介

寇谦之（365—448），原名谦，字辅真。北朝道教的重要代表人物。创立"新"道教。著有《云中音诵新科之诫》等书。

人物小记

寇谦之好仙道，有绝俗之心，少年时曾修张鲁之术，服食饵药，历年无效。后随仙人成公兴，随之入华山，采食药物不复饥。继隐嵩山，修道七载，声名渐著。后出山入世，整理改革已不大合时宜的天师道旧制度及科范礼仪、道官教义等，为后世道教斋仪奠定了基础，世称寇天师。

主要思想

寇谦之建立新道教的基本内容是：

第一，反对原始道教。要求除去"三张伪法"，"三张"是指张角、张宝、张梁，也指张陵、张衡、张鲁。他认为道教被利用，成为造反的工具，提出废除"租米钱税制度"和"男女合气之术"，将道教的主要内容放在"专以礼度为首，而加之以服食闭练"。注重内丹、外丹的修炼和道教礼仪制度的建立，主张把道教立为国教，建立一个政教合一的国家。他的《云中音诵新科之诫》实是道教的国家法典，它用宗教戒律来补充国家法令。建立新道教后，寇谦之开始与佛教相互攻击，攻击佛教的理由之一是华夷之辨。

第二，注重"中和"。

第三，吸收佛教的轮回思想。

何承天

上邪下难正，众枉不可矫。

——何承天《上邪篇》

简介

何承天（370—447），东海郯（今山东郯城西南）人。南朝著名无神论思想家、天文学家。五岁丧父，赖母徐氏抚孤成人。承天自幼聪明好学，诸子百家，莫不博览，幼年从学于当时的学者徐广。历官衡阳内史、御史中丞等，世称何衡阳。元嘉时为著作佐郎，撰修宋书未成而卒。承天通览儒史百家，经史子集，知识渊博。精天文律历和计算，对天文律历造诣颇深。

人物小记

何承天通今博古，他的才学很为时人重视。当时，宋文帝比较重视文化教育，曾立儒学、玄学、史学、文学四学，何承天则主史学。宋文帝经常派人向他请教。

有一次在挖掘玄武湖时，挖到一座古坟，在坟的外层发现一件带柄的铜斗。何承天立即认出这是王莽的威斗，并据此推断出坟墓是王莽的三公之一大司徒甄邯的。当把墓打开，石上果然刻着"大司徒甄邯之墓"，在场的宋文帝和群臣甚为叹服。

据《宋书》等记载，何承天曾将《礼论》800卷删减合并为300卷；自元嘉十六年起受命撰写"国史"，他死后大史学家裴松之"受诏续修何承天之《宋史》"，可惜何承天的史学著作没有留传下来。据载，何承天的著作有《礼论》《分明士礼》《孝经注》《纂文》《姓苑》等16种。

主要思想

何承天利用常识和当时科学上的一些成就对佛教进行了多方面的批判。他的批判虽不及范缜深刻有力，但涉及的范围很广，对佛教的"神不灭""因果报应""三世轮回"说和世界"空无"论等观点都有批判。何承天在《答宗居士书》中说："如论云，当其盛有之时，已有必空之实。然则即物常空，空物为一矣。今空有未殊，而贤愚异称，何哉？"认为佛教讲"空无"是虚伪的，他们虽然口头上讲"空无"，而实际上"爱欲未除"，害怕"生死轮回""因果报应"，说明他们并不是把一切看成是"空无"的。宗炳用庄周的"藏舟于壑，藏山于泽"来说明"诸行无常"和"物我常虚"。何承天认为这是对庄周原意的曲解，庄周的意思是说，"自生入死""自有入无"是自然界的规律，人不应以生死为意。

然而佛教徒对生死看得很重，活着的时候就考虑死后的问题，既想得到"无量寿"，又希望死后升天堂，这并不是"物我常虚"。

何承天由于受到儒家传统思想的束缚，在一些问题上也陷入了错误和矛盾之中，例如他既主张"形毙神散"，又承认"三后在天，言精灵之升遐"，这是他思想的局限性。

僧 肇

《宗本义》从缘生无性谈实相，《不真空论》从立处皆真谈本体，《物不迁论》依即动即静谈体用一如，《般若无知论》谈体用的关系，都是有所发挥而互相联系之作。

——黄忏华《僧肇》

简介

僧肇（384—414），原姓张。僧肇是我国东晋著名僧人，是鸠摩罗什门下最杰出、最有影响的弟子之一，被誉为"法中龙象""解空第一"。东晋时代哲学家。

人物小记

僧肇出身于一个贫困家庭，生活艰难，全靠给别人抄书过日子。他在缮写的过程中，阅读了大量的经史典籍，受益匪浅。当他读到大乘佛教经典《维摩诘经》时，十分喜爱，认为该书指出了精神解脱的方向，于是出家当了和尚。当时佛经翻译权威鸠摩罗什来到姑臧（今甘肃武威市），僧肇不远千里，前去拜师受学，深得赏识，成为"什门四哲"之一。从此他协助鸠摩罗什翻译、注释佛经，并撰写了《般若无知论》《物不迁论》《不真空论》等重要论文。

主要思想

僧肇用中国语言文字介绍了佛教般若学空宗的思想以及与相对主义紧密相连的不着两边的否定方法，对于中国佛学思想的发展有重要的影响。僧肇批评总结了佛教般若学各派，间接地批判总结了魏晋玄学的各种流派，促进了中国哲学思维的发展。但其哲学的最后归宿是宗教神秘主义。

僧肇及其学说，受到后来历代佛教学者的推崇。由于僧肇和鸠摩罗什对般若学"三论"的研讨和弘扬，促进了三论学的兴起，到隋代形成以"三论"为主要典据、以"诸法性空"为主要宗旨的三论宗。三论宗很推崇僧肇，以其学说为正系，常把他和鸠摩罗什并称，有"什、肇山门"之语。此外，僧肇《不真空论》的万物自虚等思想，为禅宗所彻底发挥。

僧肇的《不真空论》阐述了佛教宇宙观，是僧肇全部佛教理论的思想基础。论文批评了当时流行的关于性空的三种观点，指出："心无"宗只是无心于万物，至于万物是否为空，可以不管，实是对"有"的下定；"即色"宗只是以万物没有自体为空，而并不否认万物本身的存在，这是对"空""有"都做相对的理解；"本无"宗以无为本，主张万物和精神都是绝对的空。《不真空论》则主张把有与无两方面统一起来："欲言其有，有非真生（因缘所生）；欲言其无，事象既形（显示现象）。象形不即无，非真非实有。然则不真空义，显于兹矣。"认为"有"是有其事象，"无"是无其自性。自性是假名，非事物本身所固有。事物依因缘而生，所以有是假有，假有故空。万物非有非无，本无自性，假有不真，不真则空，谓之"不真空"。

《般若无知论》阐述佛教最高智慧般若无知与无相的性质。谓般若之能照，即在于无知；般若之所照，即在于无形。所谓无知、无相即"虚其心而实其照"。心不虚而有执取，能照就不周全，有所知就有所不知。"心"虚无所执取，由此而得的知即是"无知"。圣心无知，就能无所不知，不知之知谓之一切知。万物虽有种种形象，但都是建立在自性空上的，由此而归结为"无相"，照到"无相"，就与实际相符合而成为"无知"。所以是"虚不失照，照不失虚"。贯彻般若体用一如、知即不知的中道思想。

慧　远

挂席几千里，名山都未逢。泊舟浔阳郭，始见香炉峰。
尝读远公传，永怀尘外踪。东林精舍近，日暮但闻钟。

——孟浩然

简介

慧远（公元334—416年），俗姓贾，东晋时人，出生于雁门楼烦（今山西宁武附近）世代书香之家。早年精通六经，尤善老庄。21岁时从道安于太行恒山；后从道安游襄阳，遂南适荆州，又至庐山，居东林寺。与彭城刘遗民、豫章雷次宗等一百余人结白莲社，宣誓同修净业。著有《法性论》《沙门不敬王者论》等文，宣扬佛理。后世奉为莲宗初祖。

人物小记

有关慧远的故事很多，其中最有名的就是"虎溪三笑"的故事：

慧远曾养一只老虎，守护在寺前的一条小溪畔，故将这条小溪命名为虎溪。每当慧远送客越过虎溪，这只护守在虎溪畔的老虎就要叫。

一天，慧远送陶渊明、陆修静出寺，携手交谈得很投机，不知不觉过了虎溪桥，老虎突然大吼一声，提醒慧远和尚已经跨过了溪。三人听后，相视大笑，于是此溪便成了文苑佳话，称之为"虎溪三笑"。

现东林寺的三笑堂内，慧远塑像两旁还有副对联：虎溪聚三人三笑话，莲池开一叶一如来。堂前竖立着一块"三笑图"碑刻。虎溪今已变为沟壑，而溪旁写有"虎溪"二字的石刻仍然存在。

主要思想

慧远从道安受学，长于般若。他从"本无"说出发，着力阐述佛教所谓解脱道路，发挥佛教的出世主义思想。

慧远把宗极的涅槃与中国传统的神不灭论联结起来。他把涅槃理解为生绝神冥、形居神存的境界，即所谓"冥神绝境"。"神"达到一种不可知的超然情景，就是无境可对的"绝境"，也就是涅槃。慧远的"神"精极为灵，没有具体形象，难以用语言表述，不能定其体状，不能穷尽其幽致。慧远以神不灭来论证佛教因果报应，即轮回转世和超脱果报主体的永恒性。

佛教出世间的理论和统治阶级世间的礼法制度的关系，是慧远面对世俗地主阶级对佛教的质疑和责难必须回答的问题。他认为佛教与儒学并行不悖，互相影响，互为补充，表现了儒佛融合的思想倾向。

慧远的思想在中国佛教史上占有重要的地位。他在佛教的各种弊病日益暴露、引起社会人士日益强烈责难的情况下，深居庐山，以其"超脱"世俗的形象，以特有的手法，调和佛教和儒家名教的矛盾，博得当时统治阶级上层人士的支持。慧远隐遁庐山，培养出一大批弟子，不仅使他自然地成为继道安以来佛教的领袖人物，而且也为后来佛教传法奠定了坚实的基础。惠远的努力使佛教毗昙学、禅学和中观派的"三论"（中论、百论、十二门论）等在中国南方流行。他的神不灭论学说和调和儒佛的思想在中国哲学史上产生了重大影响。

陶渊明

> 吾不能为五斗米折腰，拳拳事乡里小人邪。
>
> ——陶渊明

简介

陶渊明（365—427），又名潜，字元亮，浔阳柴桑人，谥号靖节，是东晋时代伟大的诗人、文学家。陶渊明的曾祖父陶侃是东晋开国功臣，官至大司马，封长沙郡公。祖父陶茂、父亲陶逸都做过太守。陶渊明幼年丧父，家道衰落，曾做过几年小官，目睹官场黑暗腐败，后辞官回家，从此隐居。田园生活是陶渊明诗的主要题材，相关作品有《饮酒》《归园田居》《桃花源记》《五柳先生传》《归去来兮辞》等。

人物小记

晋安帝义熙元年（公元405年）十一月的一天，刚刚到彭泽县（今江西彭泽）当县令还不到80天的陶渊明，接到上级通知，说是郡里派人到彭泽检查工作。

起初，陶渊明没当回事。一位老衙役对他说："一定要做好接待，县大人要到城外恭候迎接。"陶渊明一听就来气了，说："只为了这五斗米的薪水，低三下四地在一些不学无术的人面前折腰，我宁愿不做这官。"说完脱下官服，摘掉乌纱帽，交出官印，离开县衙，回到老家。从此以后，陶渊明不再出来做官，一直在老家种地，直至去世。

主要思想

陶渊明的思想中有儒家的思想，也有道家和佛家的思想。陶渊明的思想旨在泯去后天经过世俗熏染的"伪我"，以求返归一个"真我"。他看到了社会的腐朽，但没有力量去改变它，只好追求自身道德的完善。他看到了社会的危机，但找不到正确的途径去挽救，只好求救于人性的复归。他通过自己所创造的诗境也许能部分地达到，但作为医治社会的药方却是无效的。因此，陶渊明的主要思想概括为两点：一是自然主义。陶渊明在《闲情赋》一文中曾托物寄意，一连诉述了"十愿"及与此相随的"十悲"，然后万分感慨，他深

感"人间良可辞"，而"静念园林好"，期望着"复得返自然"。二是乐天主义。他反复强调荣华富贵、生命地位都不值得去争夺和留恋。不仅如此，人"有生必有死""天地赋命。生必有死，自古圣贤，谁能独免？"所谓"去去百年外，身名同翳如"。那么，何不"忘怀得失，以此自终"呢？

陶渊明能不以外在的纷华、"穷达"而改变志向，这是真正的智者、强者的超绝做派。因为"他以知命的委顺，

泯灭了悲苦；他以知止的固执，超越了迷途；他以他的闪烁的智慧之灯火，照亮了他的四周"。

范 缜

人之生譬如一树花，同发一枝，俱开一蒂，随风而堕，自有拂帘幌坠于茵席之上，自有关篱墙落于粪溷之侧。坠茵席者，殿下是也；落粪溷者，下官是也。贵贱虽复殊途，因果竟在何处？

——《梁书·儒林传·范缜》

简介

范缜（约450—515），字子真，南乡舞阴（今河南沁阳）人，南朝齐、梁时期唯物主义无神论思想家。

人物小记

南朝佛教盛行，齐国的竟陵王萧子良和后来梁国的武帝萧衍，都积极宣传佛教，萧子良曾亲自给僧众送饭送水，萧衍称帝后，宣布只有佛教才是正道，要求王公百官全都信佛。为了坚持反对迷信，范缜写了《神灭论》一书。

范缜《神灭论》问世后，在思想界引起了不小震动，竟陵王萧子良找来了全国最有名的和尚，以及他手下能说会道的宾客，当面和范缜辩论。他们向范缜提出了许多责难，但都被范缜不慌不忙地驳回。

公开辩论难不倒范缜，萧子良便派了一个名叫王融的人到范缜家里，企图私下收买他。王融对范缜说："您坚持神不存在的理论，是和名教相违背的。您的才干如此超人，若是不这样固执，是不愁做到中书郎这样的大官的。"听到企图以高官厚禄收买他，范缜不由得哈哈大笑，说："如果我卖论取官的话，恐怕早已做了更大的官了，何止区区一个中书郎呢！但是，人各有志，不能勉强，卖论取官我不为！"王融见范缜说得如此决断，只好灰溜溜地离去。

主要思想

范缜的主要思想反映在他的著作《神灭论》中。《神灭论》的基本思想是"形神相即""形质神用"。首先在形神关系问题上，范缜提出"形神相即"论。"即"就是"靠近""接近"的意思，在哲学上有"结合""涵蕴""渗透"等含意。"形神相即"强调了精神与形体不可分离。同时，范缜又断言"形存则神存，形谢则神灭"，认为精神必依附于形体而存在，随形体灭亡而灭亡。范缜反对形神为二、形神可以分离的观点，这是打破佛教"神不灭"的主要根据，从理论依据上否定佛教的因果报应说。

范缜在佛教国教化的南北朝时期，"盛称无佛"，坚决反佛，是王充以来最突出的唯物主义思想家，可以说是两汉魏晋以来所有神灭思想的综合者和发展者。

玄　奘

松风水月，未足比其清华；仙露明珠，讵能方其朗润。

——唐太宗《大唐三藏圣教序》

简介

玄奘（602—664），姓陈，名袆，法名玄奘，世称"三藏法师"，俗称唐僧。洛州缑氏（今河南偃师）人。唐代佛学家、佛经翻译家、唯识宗（又称法相宗）的创立人。

人物小记

玄奘的祖父、曾祖父都曾在北朝做官。他父亲陈慧没有选择进入仕途，玄奘的二哥早年出家，精通佛经，对儒、道经典也有研究。玄奘在父兄的教育影响下，十几岁就出家为僧。

出家后玄奘遍访佛教名师，因感各派学说出现分歧，难得定论，便决心至天竺学习佛教。唐太宗贞观元年（公元627年），玄奘从京都长安出发，经过凉州出玉门关西行，历经艰难抵达天竺。初在那烂陀寺从戒贤受学，后又游学天竺各地，并与当地学者论辩，名震五竺。经17年，行程5万里，西行印度求取佛经，带回佛经52筐共计657部，于贞观十九年（公元645年）回到长安，组织译经，共译出经、论75部，凡1335卷。

主要思想

玄奘创立了唐代第一个佛教宗派唯识宗。玄奘学兼各家，然崇尚戒贤所传唯识系学说，系统地译出唯识系理论。这种理论具有比较严密的逻辑体系，是一种非常烦琐的主观唯心主义学说。它力主"三界唯心""万法唯识"。认为"阿赖耶识"是世界本原，宇宙一切现象都由"阿赖耶识"派生。还宣扬"五种姓"说，认为声闻、独觉和菩萨三乘人具有先天的决定根姓，定能成道；也有不决定根姓，即难以决定能否得道；还有一种无种姓的人，不能入道。从而开创独具特色的唯识宗。玄奘门下人才济济，他的高足神防、嘉尚、普光、窥基，号称"四哲'。窥基在继承法系、创立宗派方面发挥了很大作用。新罗（今朝鲜）的圆测、道证、胜庄、太贤和日本等国学人慕名前来求学。玄奘有很高的因明学造诣，译有《因明入正理论》《因明正理门论》等著作。

颜之推

积财千万，无过读书。

——颜之推《颜氏家训·勉学》

简介

颜之推（531—约590以后），字介，汉族，琅琊临沂（今山东临沂）人。中国古代文学家，生活在南北朝至隋朝期间。颜之推曾著有《颜氏家训》，在家庭教育发展史上有重要的影响，是北朝后期重要的散文作品；《北齐书》本传所载《观我生赋》，亦为赋作名篇。

人物小记

颜之推，祖籍琅琊临沂，后因西晋战乱，家族迁居到建康。颜之推最初在南朝梁做官，但在侯景之乱时，初次尝到亡国丧家的滋味。此后他随梁元帝到江陵，不久又被西魏攻克，被俘。

颜之推逃到北齐后，当了黄门侍郎、平原太守。不久，北齐又被北周灭亡，他又成了北周的俘虏。北周以后又为隋取代，颜之推最终又成了隋朝的官员。他一生备尝战乱亡国之苦，历观达官显宦世家大族的盛衰更迭，对人生别有一番体味。到晚年，为教育子弟，他写下了这部《颜氏家训》，希望后世子孙能够适应世道的变幻，"自取身容""立身扬名"。

颜之推的苦心训导，是根据自己的切身经历总结出来的。他出身世家大族，从小受到良好的教育，很有知识，在政治上也有很高的地位，一向以高尚的士族和优雅的文士自居。但历经战乱，他亲眼看到许多士族子弟只知享乐，既无学识，又无应付世变的能力，最后惨遭覆灭的下场。颜之推在书中谈到的种种问题，都可和他自己的亲身感受联系起来。

主要思想

颜之推一生历经四朝，又生活于士大夫之间，因此对当时士大夫的生活十分熟悉，对士大夫的教育状况表示了强烈的不满。南北朝时期，士大夫阶级虽然垄断教育，但又轻视教育。他们的子弟庸碌无能，不学无术，只图享乐。这些人上不能治国，下不能保身，每临战乱，只能转死沟壑之间。侯景之乱时就证明了这一点。为此，颜之推要求整个士族阶级应该注重教育。

一方面，颜之推从士大夫地主阶级立场出发，继承了传统儒学人性论思想，把人分为三等，即上智之人、下愚之人和中庸之人。他强调中庸之人必须接受教育，因为不受教育就没有知识，陷于"不知"的愚昧状态。

另一方面，颜之推从士族地主的利益出发，认为知识也是一种谋生的手段。颜之推认为，处于战乱和朝代不断更替的时期，知识是一种资本，可以作为谋生的手段。当士大夫背井离乡、颠沛流离之时，可以依靠知识吃饭。他说："如明通六经之旨义，涉猎百家之群书，纵然不能增益德行、砥砺风俗，至少可以作为一门艺业，得以自资。"

智 颛

> 发理见者伏学人。发神通伏俗人。俗人取异不取解。
> 学人取解不取异。
>
> ——智颛（yǐ）《摩诃止观》

简介

智颛（538—597），南朝陈、隋时佛教天台宗名僧。俗姓陈，字德安，颍州（今河南许昌）人。中国佛教天台宗四祖，也是实际创始人，因其晚年居住天台山，遂称为天台宗，又因其以《法华经》为主要教义，故亦称为法华宗。他自幼信佛，18岁投湘州果愿寺出家，23岁拜慧思为师。公元575年（太建七年）入天台山，公元587年（陈后主祯明元年）在子光宅寺讲《妙法莲华经》（《法华经》），弟子灌顶随闻随记，录成《法华文句》，奠定了天台宗宗教观基础。广弘教法，强调止观双修的原则，提出一念三千、圆融三谛等思想，建立了天台宗的思想体系。隋炀帝曾授予其智者之号，世称"智者大师"。著有《法华玄义》《法华文句》《摩诃止观》《小止观》等，流传久远，在日本也有很大影响。

人物小记

智颛幼时非常聪颖，喜欢读书，尤其喜爱佛经。公元554年，北方西魏宇文泰发兵攻萧绎。公元555年，西魏兵破江陵。15岁的智颛目睹了家国殄丧、亲属流徙，深深感受到人生无常，顿时萌发出家修道、遁入佛门的想法。但是，父母出于亲子之情，不允许他出家。智颛不得已，就自己刻画了佛像，在家中礼拜，并且日夜勤苦，更加用功诵习佛经。

不久，父母相继逝世。服丧期满，智颛请求其兄允许他出家，但哥哥念及父母刚刚去世，十分伤心，不忍心答应他出家。但是智颛的出家之心已如铁石。于是，他就去求助父亲当年的故旧——当时任湘州刺史的王琳。王琳被其坚定之心所动，答应劝智颛的哥哥允许他出家，并表示一切费用都由他来资助，智颛的哥哥最后也只好同意。

18岁时，智颛投到湘州果愿寺，出家为僧。

主要思想

智颛在其整个佛教生涯中，除了建立了天台一宗之解行规范，还博涉经典，其中净土经论对其影响最大。在"天台五小部"中，就有一部是对"净土三经"之一的《观无量寿佛经》的注疏。净土思想对智颛的深刻影响，还体现在他临终发愿往生净土上。

据《续高僧传》卷第十七"智颛传"载，智颛临终前预知时至，"命学士智越往石城寺扫洒，（欲）于彼佛前命终。施床东壁，面向西方，称阿弥陀佛、波若、观音。……便令唱《法华》经题，颛赞引曰：'法门父母，慧解由生，本释弥大，微妙难测。辍斤绝弦于今日矣。'又听《无量寿》竟，仍赞曰：'四十八愿，庄严净土，华池宝树，易往无人。'""有问其位者，答曰：'汝等懒种善根，问他功德如盲问乳、蹶者访路'云云。'吾不领众，必净六根；为他损己，只是五品内位耳。吾诸师友，从观音、势至皆来迎我。波罗提木叉是汝宗仰，四种三昧是汝明导。'"

吕　才

> 故书不厌百回读，熟读深思子自知。
>
> ——宋·苏轼

简介

吕才（606—665），博州清平（今山东聊城）人，唐初哲学家、音乐家。善阴阳、方伎、舆地、历史、军事、医学诸书，尤精于声乐。贞观时，曾任太常博士、太常丞。奉命参加刊正《阴阳书》，凡百篇，颁布于天下。一生著述甚多，《方域图》《教飞骑战阵图》《文思博要》《姓氏录》及《隋记》，皆不传。《旧唐书》本传中仅选录有《叙宅经》《叙录命》《叙葬书》等数篇，《大藏经》收有《因明注释立破义图序》。

人物小记

永徽六年（公元 655 年），吕才从其幼年好友那里得到玄奘所译《因明入正理论》，立即深

入钻研，"依极成而探深义，凭量而求微旨"，终于无师自通。后来，他又借得玄奘门徒神泰、靖迈、明觉三人为《因明入正理论》所做的"义疏"，发现其中"执见参差，所说自相矛盾"，错误有四十余处，于是著《因明立破注解义图》三卷，并且"别撰一方丈图"，标示自家注解。让吕才没有料到的是，他这纯学术活动竟引起玄奘译场大哗，译经僧们立即上书大臣于志宁，攻击吕才"不能精悟，好起异端；苟觅声誉，妄为穿凿"，要求于志宁制止吕才讲因明的活动。本来，玄奘及其门徒一致把因明看作"小道""未为玄门之要妙"，可是，他们又把因明奉为秘宝，不许外人染指。最后，于志宁下令阻止吕才宣讲因明。不久，著名科学家、太史令李淳风和太常博士柳宣均为吕才抗辩，要求译经僧们与吕才公开辩论，并请玄奘裁决。此事最终闹到唐高宗那里，高宗要求"敕遣群公学士等，往慈恩寺谐三藏与吕公对定"。当然，吕才的因明知识无法与玄奘相比，最后的结果是吕才"词屈谢而退焉"。

主要思想

吕才博学多才，是无神论者。他反对天命论、宿命论以及阴阳迷信学说，确认"极微"和"气"是世界的根源。"极微"即物质实在。他认为，有形的万物都是产生于无形的元气；义理产生于实录；客观事物的规律多生于具体事物中，理论来源于实践；他提出刚柔相济的矛盾发展观。他认为，物质世界发展变化的原因，在于物质世界内部阴阳两种对立力量的矛盾运动，"且天复地载，乾坤之理备焉；一刚一柔，消灭之义祥矣。或成于昼夜之道，感于男女之代，三光运于上，四气通于下，斯乃阴阳之大经，不可失之于斯须也"。

吕才把阴阳归结于自然现象及其矛盾运动，从而把神秘的阴阳说倒转了过来。他经常引经据典、列举史实批判当时的阴阳家，例如他引用儒家经典《礼记》来说明"葬不择日""安葬吉凶不可信"；他反对生而知之的先天认识论，把学习当作取得知识的唯一途径，并身体力行。

王玄览

空见与有见，并在一心中，此心若他无，空有之见当何在？

——王玄览

简介

王玄览（626—697），本名晖，唐代高僧，法名玄览，广汉绵竹（今四川绵竹）人。思想源于道家而杂有佛家的色彩。因袭老子"道可道非常道"的命题，认为消灭一切知识，就能"得道"。著有《玄珠录》。

人物小记

王玄览47岁时，受益州长史李孝逸的召见，深受礼爱。随后，两人一起同游各大寺院。寺僧闻听王玄览到来，便向他提出好多佛教经典或理论方面的问题。王玄览便以整齐有韵的四句话来回答，都符合大乘典籍的说法。

询问的人很多，没有一人难倒王玄览。当时，国家恩准可度道士，王玄览便到成都至真观出家。他一到成都，达官贵显，四方人士，都闻名求见。有的来询问前途如何，有的来谈经问道。来人临走时，都想让他题个词，有的还想让他把谈话内容写成书。王玄览有求必应，于是他着手写成了《真人菩萨观门》两卷，交给了来访者，后来，此书流传民间。

王玄览60多岁时，曾因事坐牢一年，在狱中仍著述不止。公元697年，武则天召他入京，行至洛州而死。主要著作：《遁甲四合图》《真人菩萨观门》《混成奥藏图》《九真任证颂道德诸行门》《老经口诀》等。《玄珠录》是王太霄汇集王玄览与谢法师、杜尊师、李炼师及其弟子询经问道的记录，代表了王玄览的核心思想。

主要思想

王玄览的思想源自道家，兼采佛家之学，表现出较为明显的以道为主夹杂佛家学说的合流色彩。他以"道"为最高范畴，认为"道"是"可道"与"常道"的统一体。"常道"生天地，"可道"生万物。天地无生无灭，因此"常道"才是真、是实；而万物不能长存，故"可道"无常，是假，即"可道为假道，常道为真道"。（见《玄珠录·卷上》）

在道与人的关系上，他认为道与人也存在着"互相因"，道与人既互相依存又互相联结，即"众生禀道生，众生非是道"。当人的言行尚未完全置身于"道"的约束下，称为"人显道隐"，必将不可避免地受到各种各样的烦恼、痛苦。因此，修道者必须明了此种道理，下工夫修道，利用"可道"而修成"常道"。

王玄览的另一理论是坐忘修心的修道论。王玄览主张坐忘修心和定慧双修的修道方法。他所说的"坐忘"就是炼神，要想练好坐忘，必须灭掉知见，只要知见灭尽了，才算得道了。他说："知见随生起，所以身被缚，无生无知见，是故得解脱。"他还提出了具体的方法："恬淡是虚心，思道是本真。归志心不移变，守一心不动散。"这实际上是道家、道教的修行方法。

韩 愈

> 书山有路勤为径，学海无涯苦作舟。
>
> ——韩愈

简介

韩愈（768—824），字退之，汉族，唐朝河南河阳（河南省焦作孟州市）人，自谓郡望昌黎，世称韩昌黎。唐代古文运动的倡导者，宋代苏轼称他"文起八代之衰"，明人推他为唐宋八大家之首，与柳宗元并称"韩柳"，有"文章巨公"和"百代文宗"之名，著有《昌黎先生集》《外集》等。

人物小记

韩愈来到潮州后，有一天出巡时碰见一个和尚。和尚面貌长得

十分凶恶，特别是翻出口外的两个长牙，更是使人害怕。韩愈本就因劝阻皇帝迎接释迦牟尼的骨头而被贬到潮州，早已对和尚没有好感，一见这副"恶相"，更是讨厌。他心想：这绝非好人，回去要好好收拾他，敲掉他那两颗长牙。

韩愈回到衙里，刚下轿，看门的人便拿来一个红包，说这是刚才一个和尚要送给老爷的。韩愈打开一看，里面非金非银，而是一对长牙，并且和那和尚的两颗长牙一模一样。他想，我想敲掉他的牙齿，

并没说出来，他怎么就知道了呢？

韩愈立即派人四处寻找那个和尚。见面交谈后，韩愈才知道，原来他就是很有名望的潮州灵山寺的大颠和尚，是个学问很深的人。韩愈自愧以貌取人，忙向他赔礼道歉。从此以后，两人成了好朋友。

后人为纪念韩愈和大颠和尚的友谊，就在城里修了座庵，叫"叩齿庵"。

主要思想

韩愈教育思想具有较多朴素唯物论和朴素辩证法因素。他说"人非生而知之者，孰能无惑"。主张"业精于勤""行成于思"，提倡勤奋学习和独立思考。

韩愈在哲学上持天命论，认为"贵与贱、祸与福存乎天""人生由命非由他"。但又很重视人的作用，认为"人者，夷狄禽兽之主也"。他宣扬"圣人立教"的观点，认为人类的物质文明、精神文明和社会政治制度都是"圣人"创造的，"圣人"使人类由野蛮状态进入文明社会。

韩愈将继承道统使之绵延万世作为自己的历史使命，认为佛教、道教的思想与儒家的经世思想是对立的，所以竭力排挤佛、道，指斥它们破坏了封建君臣、父子、夫妇的伦常关系，是国无宁日的祸根。提出"博爱之谓仁，行而宜之之谓义，由是而之焉之谓道，足乎己无待于外之谓德"。

韩愈继承孔子"唯上知与下愚不移"的观点和董仲舒的人性思想，第一次明确提出了性情三品说。认为"性"是先天具有的，"情"是由于接触到外界，受到刺激后而产生的内心反应。性包括仁、义、礼、智、信"五德"，情包括喜、怒、哀、惧、爱、恶、欲"七情"；性是情的基础，情是性的表现，只能因情以见性，不能灭情以见性。

刘禹锡

> 山不在高，有仙则名；水不在深，有龙则灵。斯是陋室，唯吾德馨。苔痕上阶绿，草色入帘青。谈笑有鸿儒，往来无白丁。可以调素琴，阅金经。无丝竹之乱耳，无案牍之劳形。南阳诸葛庐，西蜀子云亭。孔子云："何陋之有？"
>
> ——刘禹锡《陋室铭》

简介

刘禹锡（772—842），字梦得，洛阳人，唐朝文学家，思想家，著名诗人，有"诗豪"之称。曾任监察御史，是王叔文政治改革集团的一员。晚年曾任太子宾客，后世称刘宾客。自说是汉代中山王刘胜的后人，依其封地，刘胜的子孙皆被称作中山人。

人物小记

刘禹锡出生于官僚家庭，精通古文，尤其善于五言诗。在其23岁时，与柳宗元同时考中进士，因此得以相识，两人志趣十分相投，几年后两人同时通过考试，开始了做官生涯。

王叔文改革，刘禹锡积极参与。他与柳宗元一起为实现自己的理想与抱负，以极大的热情，投入到这场改革运动之中。最终由于改革的失败，刘禹锡被贬到郎洲（今湖南常德）做官。

主要思想

刘禹锡是唐代对唯物主义学说做出重要贡献的思想家。他提出了一个颇具特色的宇宙观，说天国没有意识，不是上帝，而是"有形之大者"，即最大的东西；天的日月星"三光"，以地上的"山川五行"为基础；天是清、轻，地是浊、重，"浊为清母，重为轻始"，故地为天的根基。他认为，整个宇宙存在的基础是物质性的"气"，清浊二气的变化，阴阳二气的作用，促成万物生成；先有植物，后有动物；人则是动物中最有智慧的，能够掌握自然界的规律而作用于自然界。

刘禹锡阐发了天人交相胜的学说，认为天和人各有各的职能，"天恒执其所能以临乎下，非有预乎治乱云尔，人恒执其所能以仰乎天，非有预乎寒暑云尔"。在他看来，自然界遵循其固有规律，使万物生长变化，不干预人世的治乱；人则运用其特殊的能力，利用、改造自然界，但也不能干预天的"寒暑"，不能改变自然规律。刘禹锡还提出"天非务胜乎人"，而"人诚务胜乎天"，因为"天无私，故人可务乎胜也"。天之所能"胜人"，不是有意识的，而是其自然的特性，人却是有意识地"胜天"，能自觉地改变无意识的自然界。刘禹锡这一思想一方面反对了天人感应的目的论，另一方面又强调了人的自觉能动性。

柳宗元

柳宗元是一位唯物主义哲学家，见之于他的《天说》，这篇哲学论著提出了"天与人交相胜"的论点，反对天命论。

刘禹锡发展了这种唯物主义。

——摘自林克《在毛泽东身边的岁月片断》

简介

柳宗元（773—819），字子厚。河东解（今山西运城）人。唐代文学家、思想家、哲学家。

人物小记

柳宗元 4 岁时，其父亲独自赴江南为祖父守丧。柳宗元在母亲的教导下开始读书识字。13 岁时便以文章轰动京城，成为有名的少年才子。他读书范围极为广泛，这不仅开阔了他的眼界，而且丰富和充实了他的思想。同时他还十分关心时事大政。他在 21 岁时考中进士，5 年后正式步入仕途。

以后的每一次官职变动，柳宗元总是随身带着自己的书籍，藏书是他最重要的财产。他每次读书都会非常认真地做笔记、批注，发现问题就及时向别人请教，从不盲从迷信前人。

主要思想

柳宗元为了"救世之谬"，发愤钻研经史诸学，"读百家书，上下驰骋"，以"立仁义，禅教化"。他继承以往的气说，认为天地未形成前，唯有元气存在；天地既分之后，元气则居于天地中间。"彼上而玄者，世谓之天；下而黄者，世谓之地；浑然而中处者，世谓之元气；寒而暑者，世谓之阴阳。""天"如同草木等自然物一样，没有意志。

柳宗元反对流行的神学天命论思想，谓"古之所以言天者，盖以愚蚩蚩者耳"。他在荀况"天人之分"的思想基础上，强调天人"各行不相预，认为人的吉凶祸福、社会的兴衰治乱，都非"天"能主宰，

"功者自功，祸者自祸"，要变祸为福，是"在我人力"。

柳宗元认为，历史的发展，既非天意决定，也非圣人的意志所能左右，其决定的因素是"生人之意"，即人民的意愿和物质需求。国家兴衰、朝代的更替不取决于天，而取决于人，取决于政治是否清明，他说："受命不于天，于其人；休符不于祥，于其仁。"他提出了关于"势"的观点，即人类社会向前发展的客观必然趋势。在他看来，天子分封制度的产生，"非圣人意也，势也"；郡县制取代分封制，乃是历史的必然。这是一种进化的历史观。柳宗元不反对佛教，认为佛教"往往与《易》《论语》合"，"不与孔子异道"。他从佛教"有以佐世"的观点出发，主张"统合儒释"。

李　翱

> 炼得身形似鹤形，千株松下两函经。
> 我来问道无余说，云在青天水在瓶。
> 选得幽居惬野情，终年无送亦无迎。
> 有时直上孤峰顶，月下披云啸一声。
> ——李翱《赠药山高僧惟俨》

简介

李翱（772—836），字习之，陇西（今甘肃秦安）人，中唐时期著名文学家、思想家。

人物小记

李翱是西凉王李暠的后代，自幼"勤于儒学，博雅好古"，写文章注重气质。25岁时，在汴州与韩愈相识，从此，追随韩愈。他勤奋好学，博学有才，并娶韩愈侄女为妻。他与韩愈经常在一起，谈文论学，写作古文，维护儒道，反对佛老，发表文学主见，积极倡导古文运动。

德宗贞元十四年（公元798年），李翱中进士第，初任授书郎，后三迁至京兆府司录参军。宪宗元和初年，转国子博士、史馆修撰。主张"指事载功，则贤不肖易见"，然后"可以传言后世"的治史观点。宪宗元和十五年（公元820年），李翱任考功员外郎，并兼史职。

李翱性格耿直，议论无所避忌。权贵虽"重其学"，而"恶其激讦"，因此，"仕不得显官"。谏议大夫李景俭一度"举翱自代"，后因李景俭被贬黜，李翱降任朗州刺史。后李景俭复职，被召为礼部郎中。李翱重振朝纲的抱负无法实现，郁愤不已，于是便去见宰相李逢吉，当面指责他的过失，并提出自己告病回乡。李逢吉并未计较李翱的言行，还上奏让李翱担任庐州刺史。

主要思想

李翱的主要思想糅合了儒、佛两家之长，认为人性天生为善，"情由性而生"，则有善与不善，"情既昏、性斯匿矣"，提出以"正思"的方法，消灭邪恶之"情"，以达到"复性"而成为"圣人"。

李翱追随韩愈，曾阐释韩愈关于"道"的观念，强调文以明道。他还主张反佛、"复性"，发挥《中庸》"天命之谓性"的思想，主张性善情恶说，认为成为圣人的根本途径是复性。复性的方法是"视听言行，循礼而动"，做到"忘嗜欲而归性命之道"。他作《复性书》三篇，论述"性命之源"等问题。他的思想为后来道学的发展奠定了基础。其散文平实流畅，富有感情色彩，《来南录》记载元和三年十月自长安经洛阳，由水道至广州的行程，虽极简略，但已具日记规模，开日记体游记散文的先声，著有《李文公文集》。

神 秀

身是菩提树，心如明镜台。时时勤拂拭，莫使惹尘埃。

——神秀

简介

神秀（606—706），唐代高僧，为禅宗五祖弘忍弟子，北宗禅创始人。俗姓李，开封尉氏（今属河南）人。少习经史，博学多闻。后立志出家，受具足戒，深究佛典。后居湖北玉泉寺传授禅法，倡导渐悟说，为禅宗北宗的开创者。晚年奉命进京，先后收到武则天、唐中宗的礼遇。归寂后，谥号大通禅师。

人物小记

神秀少时即遍览经史，熟读诗书，老庄儒学，无不精通。他在隋末出家为僧，后闻五祖弘忍大师之名，遂往黄梅。一见弘忍大师，大为叹服，道："真吾师也！"于是投在弘忍门下。当时的神秀虽已年近50岁，但弘忍大师还是一样让他去干粗活，神秀并不在意，劈柴打水，各种杂役都做，一干就是6年。

如此下来，神秀渐渐为弘忍赏识，受到器重，命为上座。后来，弘忍决定通过偈语来选定衣钵传人，神秀第一个响应，做偈曰："身是菩提树，

心如明镜台。时时勤拂拭，莫使惹尘埃。"后来慧能听到人们诵读神秀的偈，觉得神秀写得很好，但是还没有到达最高境界，于是不会写字的慧能请人帮他写下"菩提本无树，明镜亦非台。本来无一物，何处惹尘埃"这首著名的偈，崭露头角，令弘忍大师刮目相看，于是将衣钵传给了慧能。

神秀做别弘忍，退回湖北荆州当阳玉泉寺隐居，弘忍圆寂后，神秀在玉泉寺打开禅法，宣传楞伽师渐修法门。

主要思想

神秀继承了道信以来的"东山法门"，以"心体清净，体与佛同"立说。因此，神秀主张"坐禅习定""住心看静"，即通过直观内省的禅定修行，认识自己本具清静的佛性，灭除情欲和世俗认识观念，达到与"真如"相应的觉悟境界。所以，神秀所创的禅法就是"观心"。所谓"观心"，是以心为观想内容的禅定。

神秀认为"观心"可以统摄一切修行，是达到解脱的最简便易行的方法。神秀认为，"心"有静、染两方面。静心是一切善的行为的根本原因，染心是一切恶的行为的根本原因。"观心"的目的就是灭除"染"的方面，而使本来清静的佛性显现，达到觉悟，永远摆脱生死轮回。

神秀的观心，具体落实到修行主张上，是一个勤修苦练、循序渐进的过程。即通过"观心"，断灭"无明"，显现"真如"。而"无明之心"又是以"贪、嗔、痴"这"三毒"为本源；这三者又通过眼、耳、鼻、舌、身、意这"六根"表现出来，即所谓"六贼"。六根与外界接触产生"六识"，形成感觉和认识，从而使人们对外界有所好恶，有所取舍，发生恶的行为。

因此，神秀主张通过内心修戒、定、慧，从而断灭"三毒"，使"六根清净"，达到"断一切恶""修一切善""度一切众生"的目的，这种修善断恶的心理修行活动，属于"渐悟"禅法。

慧 能

> 菩提本无树，明镜亦非台。本来无一物，何处惹尘埃。
>
> ——慧能

简介

慧能（公元638—713年），亦作惠能，俗姓卢氏，河北燕山（今涿州）人，生于岭南新州（今广东新兴县）。佛教禅宗祖师，禅宗第六祖，世称禅宗六祖，是中国历史上有重大影响的佛教高僧之一。

人物小记

慧能3岁丧父，母亲李氏含辛茹苦将其养大。慧能24岁那年，一天去集市上卖柴，忽然听到有人诵读佛经，便上前询问那人读的

是什么书。那人告诉他，读的是《金刚经》。慧能又问对方："从何处来？如何得到此经？"客人回答说，在蕲州黄梅县东山寺有一位弘忍大师在主持传法，门徒有一千多人，自己在那里听受此经。

慧能一听，心生羡慕，萌发了去黄梅县跟从弘忍大师学习佛法的念头。那人本是一位热心的信徒，见慧能对佛法如此虔诚，便赠送他十两纹银，让他回去安置好老母亲的衣食生活，再到黄梅县去参见弘忍法师。

可是，当慧能的舅舅得知此事后，不让他去。见慧能意志如此坚定，舅舅便指着门前一块大石说："你若能把大石拜开，我就让你出家，否则在家里好好侍奉母亲，别再提出家学佛之事。"慧能听后，向着大石磕头，其真诚之心感动了大石，最终大石被拜开了。舅舅无奈，只好答应慧能的请求，允许其北上到黄梅县弘忍大师处出家求法。后来，那块石头被后人称之为"别母石"。

主要思想

慧能佛教学说的哲学基础是性净自悟，要旨有四：

一、一切众性皆有佛性。慧能认为人人皆可成佛，因为人人都具有佛性。佛性的"性"原为"界"，不是"质"，而是"因"的意思，即人人都有成佛的可能性或根据。

二、无念为宗。《坛经》提出"世人性净"，人人都具有清净的佛性。但由于有妄念浮云遮盖，清净的佛性显现不出来。所以要下一番功夫把妄念浮云吹散，使清净的佛性显现出来。而要吹散妄念浮云，并非难事，只要"无念"即可，"无念法者，见一切法，不著一切法"。

三、顿悟成佛。佛的境界是需要经过长期修行才可达到，还是当下觉悟就可达到？即所谓渐悟还是顿悟？慧能主张顿悟。"迷来经累劫，悟则刹那间"，只要一念与教义一致，就可成佛。

四、行住坐卧皆是坐禅。慧能以前的禅宗都把坐禅当成修行成佛的重要方法。慧能则反对坐禅，认为坐禅不但不能使人成佛，反而会使人离佛更远。他还对禅定做出新的解说："外离相曰禅，内不乱曰定。"外离相就是不执取外境，内不乱就是无妄念。不于外著境和"无妄念"都是"无念"，只要做到"无念"，就体现了禅定功夫。这是对禅学理论的重大发展。

慧能的佛教理论比三论宗、天台宗、唯识宗、华严宗的学说都更为明快简易，从而吸引了更多的信徒，流行也更为久远。他的禅学思想对中唐以后的佛教及宋明理学都产生了广泛而深远的影响。

范仲淹

先天下之忧而忧，后天下之乐而乐。

——范仲淹

简介

范仲淹（989—1052），字希文，苏州吴县（今江苏省苏州）人。北宋政治家、文学家。他幼年丧父，家境贫寒，对下层人民的痛苦感受较深。宋真宗大中祥符八年（公元1015年）中进士第。先后在西溪和饶州任职，后被调回朝廷，先后任枢密院副使和参知政事，曾提出十条改革时弊的政治措施，但遭到保守派权贵的反对，被排挤贬官。于庆历五年（公元1045年）被贬放邓州，以后又做过杭州、青州知府，在赴颍州任途中病死，谥号文正。

人物小记

范仲淹2岁丧父，后随母改嫁到了朱家。年龄稍长，他即辞别母亲，往应天府求学。他学习很刻苦，生活过得也很清贫，经常将

做好的粥放凉后，划成四块，早晚各取两块，以此度日。

后来范仲淹考取了进士，做了大官，但他生活依然十分节俭。他吃饭以粗茶淡饭为主，偶吃荤菜。他的俸禄并不少，每年也能省下很多钱，这些钱，他都拿去周济族中穷人与贫寒的学生。

对于子女，范仲淹也经常向他们灌输勤俭持家的思想，反对他们奢侈浪费。二儿子纯仁要婚娶了，媳妇还没进门，范仲淹就听人传说，媳妇带来的帐子是用绫罗做成的。范仲淹听后，极不高兴。他对儿子说："绫罗纺织不易，怎能用来做帐子呢？我家以勤俭著称，不能因这顶帐，坏了我家门风。你们如果不听我的话，硬将这绫罗帐子带进了家门，我就在当院把它烧掉。"几天后，儿媳进门，果然没带绫罗帐子。

主要思想

范仲淹自1015年中进士，久居官场，对于北宋的社会矛盾和"积贫积弱"的现象有着深刻的认识，其管理思想主要体现在行政体制改革的建议、人才管理与经济管理三个方面。

在治国方面，范仲淹对前朝割据现象有着深刻的认识，由于宋太祖赵匡胤出身于后周殿前都点检，所以从建立宋朝开始，北宋各个统治者都将地方的兵权、财权、司法权收归中央；创立由皇帝直接领导的"禁军"，还扩大科举范围等。这就直接造成了冗官、冗兵、冗费问题的突出。针对这种现状，范仲淹上书皇帝：

首先，要加强行政管理，整顿中书和枢密院、统一中央审核机构各机构的条文。

其次，重视人才管理。

范仲淹提出国家任用人才的几个标准：

第一，要起用务实的人；

第二，提拔敢于直谏的人；

第三，要用人专长，不求全责备。

在经济管理方面，范仲淹主张通过发展农业生产的办法来改善国家的经济困境。在他的改革建议中，"厚农桑"是解决经济问题的根本途径，这包括开沟挖渠、修筑陂塘、救灾抗旱、鼓励稼穑等一整套农业管理措施。

王安石

　　仁足以使民不忍欺，智足以使民不能欺，政足以使民不敢欺。

——王安石

简介

　　王安石（1021—1086），字介甫，号半山，北宋政治家、思想家、文学家。抚州临川（今属江西抚州）人。仁宗庆历进士。嘉祐三年（公元1058年）上万言书，提出变法主张，要求改变"积贫积弱"的局面，推行富国强兵的政策，抑制官僚地主的兼并，强化统治力量，以防止大规模的农民起义，巩固地主阶级的统治。神宗熙宁二年（1069年）任参知政事，次年任宰相，依靠神宗实行变法，并支持五取西河等州，改善对西夏作战的形势。因保守派反对，新法遭到阻碍，熙宁七年罢相，次年再相，九年再罢，退居江宁（今江苏南京），封舒国公，改封荆，世称荆公。卒谥文。

人物小记

王安石出身于仕宦家庭，早年随父辗转各地。流徙不定的生活开阔了他的眼界，使他很早就目睹了人民的痛苦、官场的腐化和地主的贪婪。后来他在诗中写道："贱子昔在野，心哀此黔首。丰年不饱食，水旱尚何有？……"为他以后励志变法播下了种子。

任地方官时，王安石在公务之余还经常通宵达旦地读书。他读书很多，涉猎面极广。诸子百家、医药书籍、稗官杂文都读，更不用说儒家经典了。不仅如此，他还善于向人民学习，"农夫女工无所不问"。

主要思想

北宋时，封建统治者利用所谓祥瑞粉饰太平，掩盖社会矛盾，反对变革。王安石有天命不足畏、祖宗不足法、流俗不足恤的思想，他指出，灾异或祥瑞乃是自然事物的反常现象，"天"没有意志，因而也不能对人的善恶行为做出相应的反应："天之为物也，可谓无作好，无作恶，无偏无党，无反无侧。"他强调天人的区别，为人的活动争取地位。

王安石上述观点以"元气一元论"为理论基础。他认为：天地的运行"咸法于道"，而"道"以"元气"为"本体"，天潮运行是不以人的意志、情感而转移的客观物质演化过程，其过程不受人的意志、情感的影响。

王安石通过解释《洪范》，提出水、火、木、金、土五行是构成万物的五种物质元素，五行的变化推动了天地万物的变化，五行有偶，而偶中又有偶，由此推动万物的无穷变化。万物运动变化之根据在于"元气"内部存在着阴阳。阴阳既相"贼"又相"配"，二者的对立统一是宇宙发展的根本规律。

王安石反对天人感应说，也反对不顾客观规律行事的观点。他主张人的活动要"顺天而效之"，即以对天道的认识为基础；认识必须在"观于天地、山川、草木、虫鱼、鸟兽"的"外求"活动中才能"有得"。他据此认为人的知识是在后天经验和学习中形成的。王安石对认识的这种理解，具有明显的唯物主义反映论倾向。但他认为这是仅就"世人"的认识而言，至于少数所谓"圣人"的认识，即"圣智"，却是"性之所固有，而神之所自生"。

王安石的哲学表现出鲜明的经世致用性质。他从"天道尚变"，人应"顺天而效之"的观点，引申出"天下事物之变，相代乎吾之前"，"必度其变"，对法度政令也应"时有损益"的思想。王安石的变法思想成为宋代对现实政治、经济生活影响最大的思想体系之一。

胡　瑗

> 致天下之治者在人才，成天下之才者在教化，教化之所本者在学校。
>
> ——胡瑗

简介

胡瑗（993—1059），字翼之，北宋学者，理学先驱，思想家和教育家。因世居陕西路安定堡，世称安定先生。庆历二年至嘉祐元年历任太子中允、光禄寺丞、天章阁侍讲等。

人物小记

胡瑗在苏州、湖州两地办学时采用了一种新的教学方法，称作"苏湖教法"，也叫"分斋教学法"。此种教法一改当时重辞赋的学风，注重经义和时务。他在校中设置"经义""治事"两斋，经义斋主修经学基本理论，治事斋主修农田、水利、军事、天文、历算等实学知识，一人各治一事，又兼摄一事。范仲淹主政时期在兴学时就采用这种办法。宋仁宗庆历中，朝廷兴太学，"诏下苏、湖取其法，著为令于太学"。

"苏湖教法"的意义在于，它在中国教学制度发展史上第一次按照实际需要，在同一学校中分设经义斋和治事斋，进行分科教学。治民、治兵等实用学科被正式纳入官学教学体系之中，取得了与儒家经学平起平坐的地位，并且开创了主修和辅修制度的先声。分斋教学制度诞生之后，在社会上引起了强烈的反响，"四方之士，云集受业"，纷纷前往胡瑗主持的湖州州学来求学，以至京师太学，也"取胡瑗法以为法"，并且对后世产生了深远影响。

主要思想

胡瑗精通儒家经术，"以圣贤自期许"，讲"明体达用之学"。认为儒家的纲常名教是万世不变的"体"，而儒家的诗书典籍是垂法后世的"文"；把"体""文"付诸实际，可以"润泽斯民，归于皇极"，达到民安国治、维护封建统治的目的，这是"用"。他的"明体达用之学"，对宋代理学有较大影响。

胡瑗讲学分经义、治事二斋，治事包括讲武、水利、算术、历法等等，表现了重视经世致用的特点。宋仁宗庆历中，朝廷兴太学，"诏下苏、湖取其法，著为令于太学"。他的教育思想和方法，在历史上起过重要作用。

胡瑗主持太学时，对于专攻经学、钻研军事、爱好文学等专业，以及重视节操义气的学生，要求他们分别依靠群居进行讲习。他自己也常召集他们议论学业，辅导他们认定道理。他这种让学生"穷经以博古，治事以通经"的教学方法，使学生乐于信从，学有成效，为宋朝封建统治者培养了不少"博古通经"的人才。

胡瑗集教育理论、教育实践和教学改革于一身，被王安石誉为

"天下豪杰魁"。他的教育理论不仅示范于当时，而且也垂法于后世，在中国教育史上树起了一座丰碑。

欧阳修

忧劳可以兴国，逸豫可以忘身。

——欧阳修

简介

欧阳修（1007—1072），字永叔，号醉翁、六一居士。庐陵（今江西吉安）人。官至翰林学士，为北宋前期词坛大家，散文名列唐宋八大家之一，治史和文学批评也卓有建树。有《欧阳文忠公文集》。

人物小记

一天，两位青年学生拜访大文学家欧阳修，向他学习写文章的技巧。欧阳修对他俩说："刚才外面大路上有一匹飞奔的马，把躺在路边的一条黄狗踏死了，你们也都看见了。我在想，用什么话才能把这件事很精练地说出来呢？我还没想好，你们也想想看。"

一个青年学生说："这还不容易，不过二十字就能说明白。"他略加思索，说道："烈马正飞奔，黄犬卧通途，马从犬身踏，犬死在通衢。"

另一位青年学生仔细思考了一下，提笔写了十一个字："有犬卧通衢，逸马踏而过之。"

欧阳修笑着说："二位的描述，字数都太多，是否可以这样说。"于是提笔写道：逸马毙犬于道。笑问："如何？"两位青年人大为佩服，同声说："无可更改矣！"

主要思想

欧阳修历经仁宗、英宗和神宗三朝，40 年的仕宦生涯，使他对北宋社会有比较全面的了解，对北宋制度的弊端也看得比较清楚。

欧阳修具有儒家思想，兼济天下的志向使他长期保持着积极入世的态度。他生长于民间，关心现实，对社会存在的问题深感忧虑，他不仅用行动支持范仲淹等的新政，而且还有自己的改革主张：

第一，注重农耕，开源节流。他爱护百姓，减轻赋税，使国富民安；

第二，改革科举，选拔具有真才实学的人才；

第三，认真考察官吏，以防吏冗官滥；

第四，改革择将的办法，巩固边防，抗御外侮。

另外，欧阳修在宋代理学史上占有相当重要的地位。他是当时正在兴起的理性主义思潮的真正倡导者与组织者。由于他的巨大影响和地位，以及他的培养、提携、奖掖和拔擢，形成了一个以他为核心、由众多知识分子组成的集团，在思想界掀起了巨大的波澜。

欧阳修倡导以"理"为衡量一切是非、一切存在及价值的新的理性主义思潮。他将经典还原为先贤智慧所凝结的文化典籍，从而为怀疑经传的思潮打开了大门。在怀疑经传的同时，欧阳修提出了新的治经方法——"舍传求经，务求简明"。欧阳修治经之新路还在于追求义理，自由发挥。他对儒家经典苦心探赜，摆脱了传统经学的束缚，做到随义而发，重在经典之中所蕴含的义理，对六爻的阐释，重在发挥其"物无不变"的天理。

苏　轼

发奋识遍天下字，立志读尽人间书。

——苏轼

简介

苏轼（1037—1101），字子瞻，号东坡居士。眉州眉山（今属四川）人。北宋文学家、书画家。他一生仕途坎坷，学识渊博，天资极高，诗文书画皆精。其文汪洋恣肆，明白畅达，与欧阳修并称欧苏，为"唐宋八大家"之一；诗清新豪健，善用夸张、比喻，艺术表现独具风格，与黄庭坚并称苏黄；词开豪放一派，对后世有巨大影响，与辛弃疾并称

苏辛；书法擅长行书、楷书，能自创新意，用笔丰腴跌宕，有天真烂漫之趣，与黄庭坚、米芾、蔡襄并称宋四家；画学文同，喜作枯木怪石，论画主张神似，提倡"士人画"。著有《苏东坡全集》和《东坡乐府》等。

人物小记

苏轼20岁的时候，到京师参加科考。有6个自负的举人看不起他，决定备下酒菜请苏轼赴宴戏弄他。苏轼接邀后欣然前往。入席尚未动筷子，一举人便提议行酒令，酒令内容必须要引用历史人物和事件，这样就能独吃一盘菜，其余五人轰声叫好。

"我先来。"年纪较长的说，"姜子牙渭水钓鱼！"说完捧走了一盘鱼。

"秦叔宝长安卖马。"第二位神气地端走了马肉。

"苏子卿贝湖牧羊。"第三位毫不示弱地拿走了羊肉。

"张翼德涿县卖肉。"第四个急吼吼地伸手把肉扒了过来。

"关云长荆州刮骨。"第五个迫不及待地抢走了骨头。

"诸葛亮隆中种菜。"第六个傲慢地端起了最后一样青菜。

菜全部分完了,六个举人兴高采烈地正准备边吃边嘲笑苏轼时,苏轼却不慌不忙地吟道:"秦始皇并吞六国!"说完把六盘菜全部端到自己面前,微笑道:"诸位兄台请啊!"六举人呆若木鸡。

主要思想

儒、道、释三家思想的兼容贯通,是宋代一般哲学思想的共同趋势,苏轼无一例外地无法超越这种传统思想的模式。他从小接受传统儒家思想教育,但对佛、道濡染甚深。他强调"圣人一于仁""先王谨于礼",提出以"礼、乐、刑政教化""论道经邦",怀有经世济民、致君尧舜的抱负和积极入世的精神,主张治国济世"凡可以存而救亡者无不为,至于不可奈何而后已"。对于释、道的态度,他早年虽有批评佛老的言论,但随着宦海浮沉和阅世日深,其思想与眼界渐趋开阔,终于走向了博采众家、兼容佛老一途。

苏轼有意调和三家,谓"儒、释不谋而同",说庄子对儒学"阳挤而阴助之"。苏轼的浑化三教,带有明显的朴素性。他无论阐述儒术、禅理、老庄,都很平易近人,而不同于理学家的玄虚莫测。在他看来,六经无非是基于日常的事理与人情。唯其如此,则施之于政,也就易知易达。在论及黄老言时,也揄扬盖公所倡导的"治道贵清净而民自定"。正因为倡简易,所以他不赞成儒生高谈性命。他诚告友人："近时士人多学谈理空性，以追世好，然不足深取。"又说："儒者之患，患于论性。""孔子罕言命，以为知者少也。"对于谈禅，他也同样主张脱玄而就易。

苏轼提倡简易，实着眼于能致用。佛家虽是讲超世的，但他看出并特意揭示其超世与世间的相通之处，故云："宰官行世间法，沙门行出世间法，世间即出世间，等无有二。"他不赞成释者的无心、无言、无为，认为这是"为大以欺佛者"。他学道术，特取其健身御病之法，以"使真气云行体中，瘅冷安能近人"。

沈　括

专心致意毕力于其事而后可。

——沈括

简介

沈括（1031—1095），字存中，浙江钱塘（今浙江杭州）人。北宋时期的自然科学家、思想家。沈括博学多才，对科技、天文、律历、音乐、医药，乃至文学艺术都有深刻的研究，提出了许多创造性的见解，其中有很多重要创见，至今仍为举世学人称道。

人物小记

宋神宗熙宁年间，京师久旱，人们为求雨，费尽了心思。

此后，连续好几天阴云密布，人们都以为要下雨了，结果"一日骤暗，炎日赫然"。宋神宗问沈括什么时候可以下雨。沈括根据自己掌握的天气变化规律，参照当地实情，对神宗说，下雨的兆头已经露出来了，明天一定下雨。众人心想阴云密布这么长时间了，尚且不下雨，现在一下子燥热起来，怎么可能会下雨呢？

第二天，果然不出沈括所料，下起了滂沱大雨。对此，沈括解释说："连日阴天，说明空气中积聚了充沛的水分，一旦骤晴，近地面气温剧增，会引起空气上下对流而产生降水。"

大家这才恍然大悟。

主要思想

沈括以唯物主义的气一元论为其哲学基础，认为天地万物都是由气构成的："日月，气也。"在《梦溪笔谈》中，他用气的理论解释各种自然现象："大则候天地之变，寒暑风雨，水旱螟蝗，率皆有法。小则人之众疾，亦随气运盛衰。"认为气的运动是有规律的。他一生有许多重大科学发现，如太行山崖壁海生物化石、延州黄河岸竹笋化石等。从这些发现中他得出，天地万物都处在不停的运动变化之中，即使是海陆、气候等人们通常认为亘古不变的事物，也处于变化之中。他对自然界的认识，包含着深刻的辩证法观点。

沈括在中国科学史上占有重要的地位，其科学著作中所包含的哲学思想，是中国古代唯物主义和辩证法发展史中的宝贵财富。

司马光

家贫思良妻，国乱思良相。

——司马光

简介

司马光（1019—1086），字君实，号迂叟，陕州夏县（今属山西）涑水乡人，世称涑水先生，北宋政治家、文学家、史学家。司马池之子。历仕仁宗、英宗、神宗、哲宗四朝，卒赠太师、温国公，谥文正，主持编纂了中国历史上第一部编年体通史《资治通鉴》，为人温良谦恭、刚正不阿，其人格堪称儒学教化下的典范，历来受人景仰。生平著作甚多，主要有史学巨著《资治通鉴》《司马文正公集》《稽古录》《涑水记闻》《潜虚》等。

人物小记

司马光在政治上强调民心，崇尚务实，反对虚夸；在治学上，态度严谨，勤奋认真，一丝不苟；在品格上，洁身自好，光明磊落。他十分憎恶当时社会上阿谀奉承、请客送礼、拉关系走后门的庸俗风气。

在做宰相执掌大权时，为了抵制这种歪风，杜绝门生故吏及亲朋好友的馈赠请托，司马光想了一个妙法，写了一篇榜文悬挂在客厅里。榜文言简意赅，全文如下："访及诸君，若睹朝政阙遗，庶民疾苦，欲进忠言者，请以奏牍闻于朝廷，光得与同僚商议，奏行者进呈取旨行之。若但以私书宠谕，终无所益。若光身有过失，欲赐规正，即以通封号简吩咐吏人，令传人，光得内身省讼，佩服改行。至于整会官职差遣，理雪罪名，凡干身计，并请一面进状，光得与朝省众官公议施行，若在私第垂访，不请语及，某再拜咨白。"因榜文悬挂在客厅中客座的上方，故名"客位榜"。客人来访，见到这篇"客位榜"自知走后门无望，也就没人提了。司马光"客位榜"巧拒"走后门"着实有效。

司马光作为一位封建社会的士大夫能如此严于律己、公私分明，确实难能可贵。这对今天的反腐倡廉也是很有意义的。

主要思想

司马光一生的主要活动是修史与反对变法。他是北宋道学"六先生"之一，与道学之兴有密切关系。他认为，天是自然、社会和人生的最高主宰，"人之贵贱贫富寿天系于天"，一切全由天命所定，人力不能使它改变。他还说："天地不易也，日月无变也，万物自若也，性情如故也，道何为而独变哉？"认为社会历史有万世不易之规，即礼仪纪纲。

司马光很强调仁义礼智等封建道德的作用，认为这是决定社会治乱兴衰的根本。他还提倡"诚"的修养境界。他用唯心主义天命论和道德决定论维护封建社会的统治秩序。为了使统治者汲取历史教训，司马光在史书中也曾揭露了一些苛政严酷、社会腐败、民不聊生的史实，对于了解封建社会的历史有一定参考价值。

邵　雍

> 上品之人，不教而善；中品之人，教而后善；下品之人，教亦不善。
>
> ——邵雍《戒子孙文》

简介

邵雍（1011—1077），北宋哲学家、易学家，有"内圣外王"之誉。汉族，字尧夫，谥号康节，自号安乐先生、伊川翁，后人称百源先生。其先范阳（今河北涿县）人，幼随父迁共城（今河南辉县）。少有志，读书苏门山百源上。仁宗嘉祐及神宗熙宁中，先后被召授官，皆不赴。创"先天学"，以为万物皆由"太极"演化而成。著有《观物篇》《先天图》《伊川击壤集》《皇极经世》等。

人物小记

有一年夏天的中午时分，天气炎热，邵雍与他的孙子邵公清躺在院里的树荫下乘凉，忽见邻居梁七从他家的后墙外伸出头朝里扫了一眼，便不见了。

"你猜那人是干啥呢？"邵雍问他的孙子。

邵公清琢磨了一下，说："他应是来偷咱东西的，看我们在院里，就吓跑了。"

邵雍说："不对。梁七不是偷东西的人！"

"那他是来干啥的？"

"我看他是来找牛的。"

"我不信。你咋知道他是找牛的？"

"这中午时分，他探了一下头，'午'字出头不是'牛'字吗？"

邵公清对爷爷的话半信半疑，就跑去找梁七。谁知一问他，果然是找牛的。

主要思想

邵雍认为天地万物的生成变化是按照"先天象数"的图式展开的。他把这先天象数归之于心，说："先天之学，心也，先天学心法也，故图皆自中起，万化万事皆生乎心也。"他所说的心既是个人的心，也是宇宙的心。邵雍认为，人是宇宙间"物之至者"，人灵于万物。万物具有声色气味的特性，人的耳目口鼻具有接受声色气味的功用。他提出"以物观物"，认为"以物观物"则明，"以我观物"则暗，反对认识客观事物时加入主观感情的成分。他还认为人所以灵于万物，最根本的在于人能知天地万物之理，"夫所以谓之观物者，非以目观之也，非观之以目，而观之以心也，非观之以心，而观之以理也"。

邵雍提倡"反观"，要求既不蔽于物，也不蔽于我。但是他又认为，圣人"能以一心观万心、一身观万身、一物观万物、一世观万世"，能以心代天意、口代天言、手代天工、身代天事，极度夸大"圣人"智慧的作用。

邵雍按照象数，把天地从始至终的过程区分为元、会、运、世，以此为宇宙历史的周期，一元十二会，一会三十运，一运十二世，一世三十年。一元实际上就是一年的放大（年十二月，月三十日，日十二时辰，一时辰三十时分），共十二万九千六百年。邵雍断定，世界的历史，以此为周期，由兴盛到衰亡，周而复始，循环不已。天形成于元的子会，地形成于丑会，人产生于寅会。人类历史发展到第六会巳会，即尧之世，达到了兴盛的顶点；从午会即第七会开始，便由盛而衰，这是夏、商、周到宋的历史时期；到了亥会即第十二会，天地归终，万物灭绝。另一元，也即下一周期又将开始。在一个周期内，历史是退化的，由尧至宋，经"皇、帝、王、霸"四个阶段，一代不如一代。这是神秘主义的宿命论的历史观。

周敦颐

予独爱莲之出淤泥而不染，濯清涟而不妖，中通外直，不蔓不枝，香远益清，亭亭净植，可远观而不可亵玩焉。

——周敦颐

简介

周敦颐（1017—1073），道州营道（今湖南道县）人，北宋著名哲学家，是学术界公认的理学派开山鼻祖。"两汉而下，儒学几至大坏。千有余载，至宋中叶，周敦颐出于舂陵，乃得圣贤不传之学，作《太极图说》《通书》，推明阴阳五行之理，明于天而性于人者，了若指掌"。《宋史·道学传》将周子创立的理学学派提高到了极高的地位。

人物小记

周敦颐曾为朝廷命官，他办案公平，不畏权贵，深得民心。

一次，一名囚犯罪不当死，但转运使王逵却打算处死他。王逵是朝廷信任的酷吏，凶悍一时，众人不敢与之争辩。这时，恰逢周敦颐到任，他独身前往，与王逵争辩。王逵不听，周敦颐大怒，摔掉手版，愤然说道："如此尚可仕乎？"言罢，要弃官归家。

周敦颐为官期间，不辞劳苦，四方巡行视察，亲自提点刑狱，勘正错案，以洗冤泽物为己任，被广东百姓誉为清官。

因为积劳成疾，周敦颐晚年辞官归家。在庐山莲花峰下养病，他的住所四周，塘泽相连，山清水秀。清澈的水面上，朵朵莲花，渲染昂首；片片莲花，孤傲超然。周敦颐喜爱荷花那"出淤泥而不染，濯清涟而不妖"的风格，因而写下了脍炙人口的名篇《爱莲说》，来表达自己秉直不阿的性格和宁折不屈的骨气。

主要思想

周敦颐是宋代哲学家，是理学的奠基者。周敦颐继承和发展了儒家思想，也曾受道教、佛教思想的影响，他的《太极图说》，与道士陈抟的《先天图》有密切关系。

在《太极图说》中，周敦颐认为"无极"和"太极"是宇宙万物的本原，"太极动而生阳，动极而静，静而生阴"。阴阳生出金木水火土五行，五行生成万物，万物变化无穷，但都是阴阳二气和五行相互作用的结果。

在周敦颐的伦理思想中，"诚"是主要范畴。他认为，"诚"是由"本极"派生出的阳气的体现，是"纯粹至善"的，因而以"诚"为内容隐人类本然之性亦是善的。他宣称"诚"是"五常之本，百行之源"，把封建道德看作是人性固有的。但他又认为，"纯粹至善"的本然之性，由于受到物欲的诱惑、环境的影响，刚柔不能适得其"中"，因而产生恶。由此，他提出"主静""无欲"的道德修养论，认为人们通过学习和修养，能够"自易其恶"，恢复善性，使自己的一切言行都不违背封建的仁义礼智，从而建立起"君君臣臣、父父子子、兄兄弟弟、夫夫妇妇"的封建人伦关系。他的"存诚""无欲"的人性论和禁欲主义，对程朱学派"存天理，灭人欲"的思想产生了重要影响。

周敦颐哲学思想的特点是，吸收了佛、道学说，建立了一套比较完整的宇宙观，便于理学更加有力地同佛、道进行斗争。他把自然观、认识论、思想方法以及伦理道德等组织成为一个有机的哲学体系，比以前的儒家学说更加精细和富于理论色彩。周敦颐的哲学具有时代的特色，在宋、元、明、清的理学中占有较高的地位。

程　颢

> 独处而静思者非难，居广而应天下者为难。
>
> ——程颢

简介

程颢（1032—1085），字伯淳，人称明道先生，原籍河南洛阳，生于湖北黄陂县滠源乡（今属红安）。北宋哲学家，理学奠基者。

人物小记

程颢嘉祐年间举进士后，任鄠县及上元县主簿、晋城令，有治绩，官至太子中允、监察御史里行。曾参与王安石变法，后因反对新法，被贬至洛阳，任京西路提点刑狱。他与先后被贬至洛阳的文彦博、吕公著、司马光等相互联系，继续反对新法。正史说他"资性过人，充养有道。和粹之气，盎于面背。门人交友，从之数十年，亦未尝见其忿厉之容。遇事优为，虽当仓卒，不动声色"。像他这样的人，是应享高寿的，不幸只达中寿。

主要思想

由于程颢和程颐长期在洛阳讲学，故他们的学说亦被称为"洛学"。程颢提出"天者理也"的命题。他说："吾学虽有所受，天理二字却是自家体贴出来。""天理"是他哲学体系的最高范畴，他把"理"作为宇宙的本原。就天道的内容来说，程颢形容它是"生"，谓世界生生不已，充满生意，提出"天只是以生为道"，故"天地之大德曰生"。他认为生是天道，是天地之心，于是称天道为仁。这就把本来是伦理学上的概念"仁"抬高为宇宙的本体。

按程颢的说法，在生生不已的天道之下，通过阴阳二气氤氲化生，产生天地万物，人只不过是得天地中正之气。故"人与天地一物也"。因此对于人来说，要学道，首先要认识天地万物本来就与我一体的这个道理。人能明白这个道理，达到这种精神境界，即为"仁者"。故说"仁者浑然与万物同体"。程颢还提出，自己的心本来没有内外之分，人的心要像天地一样，普照万物；像圣人一样，情顺万事，无有内外。人们如果知物我本为一体，物即我，我即物，与物无对，忘其内外，就自然不存在心为外物所动的问题。诚能如此，其心就澄然无事。无事则定，定则明，至此就"廓然而大公，物来而顺应"，就可以进入圣域。程颢所谓"定性"，实即"定心"，这是他求得理想人格的道德修养方法。所以他并不重视观察外物，认为人心自有"明觉""自家元是天然完全自足之物"，具有良知良能，可以凭直觉体会真理。

程颢哲学的主要内容是关于道德修养的学说。他追求所谓浑然一体的精神境界，在方法上是通过直觉领会，达到所谓物我合一。程颢是主观唯心主义心学的发轫者，他的"识仁""定性"，对后来的理学，尤其对陆王心学，影响很大。

程 颐

> 进学不诚则学杂，处事不诚则事败，自谋不诚则欺心而弃己，与人不诚则丧德而增怨。
>
> ——程颐

简介

程颐（1033—1107），字正叔，汉族，北宋洛阳伊川人，人称伊川先生。北宋哲学家，理学创立者之一。

人物小记

在北宋时期，福建将东县有个叫杨时的进士，他特别喜好钻研学问，到处寻师访友，曾就学于洛阳著名学者程颢门下。程颢死后，杨时来到洛阳伊川的伊川书院，求学于程颢胞弟程颐门下。杨时那时已四十多岁，学问也相当高，但他仍谦虚谨慎，不骄不躁，尊师敬友，深得程颐的喜爱，被程颐视为得意门生，得其真传。

一天，杨时同一起学习的游酢向程颐请教学问，却不巧赶上老师正在屋中打盹儿。杨时便劝告游酢不要惊醒老师，于是两人静立门口，等老师醒来。一会儿，天空飘起鹅毛大雪，越下越急，杨时和游酢却还立在雪中，游酢实在冻得受不了，几次想叫醒程颐，都被杨时阻拦了。直到程颐一觉醒来，才赫然发现门外的两个雪人！

从此，程颐深受感动，更加尽心尽力教杨时，杨时不负重望，终于学到了老师的全部学问。之后，杨时回到南方传播程氏理学，且形成独家学派，世称"龟山先生"。

主要思想

在哲学上，程颐与程颢以"理"为最高范畴，以"理"为世界本原。程颐认为，理"冲漠无朕，万象森然已具"，是创造万事万物的根源，它在事物之中，又在事物之上。他认为，道即理，是形而上的，阴阳之气则是形而下的。离开阴阳就无道，但道不等于是阴阳，而是阴阳之所以然，"所以阴阳者，是道也"。他明确区分了形而上与形而下，以形而上之理为形而下之气存在的根据。他又从体用关系论证了理和事物的关系，认为理是"体"，而事物是"用"。他说："至微者理也，至著者象也，体用一源，显微无间。"他肯定了体用的区别及其联系。

程颐承认世界万物都有其规律，天之所以高，地之所以深，万事万物之所以然，都有其理。他进一步认为，"一物之理即万物之理"，天地间只有一个理，这理是永恒长存的。这样，他就把事物的规律抽象化、绝对化，使之成为独立的实体。

程颐承认每一事物发展到一定限度，即向反面转化。他说："物极必反，其理须如此。"他还提出物皆有对的思想，说"天地之间皆有对，有阴则有阳，有善则有恶"。这反映了他的辩证法观点。

关于人性问题，程颐以为人的本性，即是人所禀受的理，于是提出"性即理也"的命题。他认为，性无不善，人所以有善与不善，是由于才的不同。才是由气而来的，气有清浊不同，故才也有善与不善之分。他认为，"论性不论气不备，论气不论性不明"，只讲本然的善性，不能说明人何以有恶；只讲气禀之性，则不能说明人性本善。

程颐论述为学的方法时说："涵养须用敬，进学则在致知。""入道莫如敬，来有能致知而不在敬者。"兼重敬与致知，把两者统一了起来。程颐根据《大学》提出自己的格物致知说。他说："格，至也。物，事也。事皆有理，至其理，乃格物也。"认为格物即是穷理，即穷究事物之理，最终达到所谓豁然贯通，就可以直接体悟天理。他所讲的穷理方法主要是读书、论古今人物、应事接物等。关于知、行关系问题，程颐主张以知为本，先知后行，能知即能行，行是知的结果。

张 载

无不知则无知，有不知则有知。

——张载

简介

张载（1020—1077），又称张子。北宋哲学家，理学创始人之一，程颢、程颐的表叔，理学支脉——关学创始人，封先贤，奉祀孔庙西庑第 38 位。与周敦颐、邵雍、程颐、程颢合称"北宋五子"。字子厚，汉族，祖籍大梁（今开封），徙家凤翔郿县（今宝鸡眉县）横渠镇，人称横渠先生。宋仁宗嘉祐二年（公元 1057 年）进士，授祁州司法参军，调丹州云岩令。迁著作佐郎，签书渭州军事判官。熙宁二年（公元 1069 年），除崇文院校书，次年移疾。十年春，复召还馆，同知太常礼院。同年冬告归，十二月乙亥卒，年五十八。嘉定十三年（公元 1220 年），赐谥明公。

人物小记

仁宗嘉祐二年（公元 1057 年），38 岁的张载赴汴京（开封）应考，时值欧阳修主考，张载与苏轼、苏辙兄弟同登进士，在候诏待命之际，张载受文彦博宰相支持，在开封相国寺设虎皮椅讲《易》。

一天晚上，洛阳程颢、程颐兄弟前来听张载讲《易》。张载是二程的表叔，但他虚心待人，静心听取二程对《易经》的见解，感到自己学得还不够。第二天，他对听讲的人说："今见二程深明《易》道，吾所不及，汝辈可师之。"（《横渠先生行状》）于是撤席罢讲，对二程说："吾道自足，何事旁求。"（《横渠先生行状》），这表现了他在学术上的积极开拓精神，他的《易说》就是在这个时期写成的。

主要思想

张载研究儒家以及道、佛的学说，经过比较和鉴别，对佛、道采取批判的态度，而崇奉儒家思想："以易为宗，以中庸为体，以孔孟为法"。其中《易传》对他影响最大。

张载的哲学思想主要反映在他的自然观和认识论方面。

在自然观方面，张载继承和发展了中国古代气一元论哲学。他认为一切存在都是气，整个世界都由气构成。先秦儒家以天、道家以道作为最高实体，张载认为所谓天、所谓道，都是气，气是最高实体，道是气化的过程，太虚即所谓天，是指气散而未聚的原始状态。他还认为一切具体的事物，都是太虚之气凝聚而成，万物消亡又复归于太虚，太虚、气、万物，是同一实体的不同形态。在他看来，世界统一于气，气有聚散而无生灭，气聚则有形可见，气散则无形不可见，太虚无形无状，并不是虚无，所以说"虚空即气""知太虚即气则无无"。

张载指出，气处于永恒运动中，运动的原因在于气本身含有互相吸引、互相排斥的两个方面。由气所构成的任何事物，都是阴阳矛盾对立的统一体，"无无阴阳者"，如果没有对立，就不成其为事物。

在认识论方面，张载认为关于事物的知识是从耳目感官来的，是主体与客体相互作用的结果。他肯定外物是感觉的源泉，这是张载认识论思想中的唯物主义部分。但是张载又认为，对气的变化本性"神"和气的变化过程"道"的认识，出于人的"德性"，完全不依赖耳目的感觉，这就否定了感觉经验是一切认识的基础，构成了张载认识论思想中的唯心主义部分。

朱　熹

读书有三到，谓心到，眼到，口到。

——朱熹

简介

朱熹（1130—1200），字元晦，号晦庵，祖籍徽州婺源（今属江西）人，生于南剑州尤溪（今属福建）。朱熹出身于"以儒名家"的"著姓"，少小苦读"四书""五经"，后师事武夷三先生（胡原仲、刘致中、刘彦冲），出佛入老，泛滥于百家。及至师从杨时的再传弟子李侗，体验未发之中道后，始立定脚跟。此后，在与同时代诸哲的激烈辩论过程中，他以二程理学为宗，吸收和融汇了周敦颐、张载、邵雍等人的学问，承继孔孟道统，构筑起中国封建社会后期博大精深的理学体系。朱熹的著作颇丰，遍及经学、史学和文学等科目，其哲学思想主要集中在《晦庵先生朱文公文集》（100卷），《续集》（11卷），《别集》（10卷），《朱子语类》（140卷）和《四书章句集注》等书中。朱熹所建立的学派被后人称为"闽学"。

人物小记

朱熹为绍兴十八年（公元1148年）进士，绍兴二十一年授任为泉州同安主簿，绍兴二十二年到任。朱熹任同安主簿前后五年，经常往来于泉州各地访友求贤，寻幽览胜。同安至泉州相距百余里，安海地处泉同之间，为必经之地。因此，朱熹往返两地，常在安海歇息过夜。每次路过安海，他都会访问朱松遗迹遗事，招集镇中耆儒名士讲论经学，对安海文风产生了极为深远的影响。任满后，朱熹请求辞官，潜心研究理学，四处讲学，宣扬他的"太极"，即"天理"和"存天理，灭人欲"的理学思想体系，成为程（指程颢、程颐）朱学派的创始人。

主要思想

朱熹的哲学思想以太极论、理气论、性理论（心性论）为核心，强调"无极而太极"、理气浑然一体的理学观；通过对未发、已发、中和及仁学等问题的讨论，对心、性、情等范畴做了细致的分析，以"心统性情"发展了传统的心性论，肯定了"气质之性"对人性善恶之辨的重要意义；并着重强调了居敬穷理的操存涵养功夫，认为只有通过这层存养功夫，才能树立起人之本，达到生命的净化和升华。朱熹由心性学上的道心人心、天理人欲之辨，进而在历史观上认为三代以天理行，此后则以人欲行，因此要恢复三代之至治，则必须存天理、灭人欲，尊王贱霸。

对于朱熹整个理学体系来说，"无极而太极"确实太重要了，其一是与整个道统是否正传密切相关，其二是与朱熹自己思想的思辨基础是否坚实可靠密切相关。

朱熹哲学思想的核心及出发点无疑是"太极"，"太极"即"理"。"太极"指"理"，"无极"则是对"太极"的修饰。"无极"有三义：其一，针对有形、具体的器物界而言，"无极"即"无形"，它表明"太极"不是事物类属链条上同质的一物，"太极"无形无象，不可以事物言。其二，针对形上界而言，"无极"肯定了"太极"

之上并没有一超然的绝对存在者，由此肯定了"太极"为逻辑在先的最高者，是确凿真实的，不因形象的变动而迁流，不因事物的幻现而虚无。其三，从贯通形上形下两界而言，"无极"既是对有形的否定，同时也是"太极"自身内涵的否定因素，"太极"不是于事物之外别有一事物，"太极"即是本然之理："谓之'无极'正以其无方所无形状；以为在无物之前，而未尝不利于有物之后；以为在阴阳之外，而未尝不行于阴阳之中；以为通贯全体，无处不在，则又初无声臭影响之可言也。"对"无极而太极"的诠释，一方面维护了周敦颐开创的道学体系，另一方面也深化了程朱理学的思想内涵。

"理"与"气"不离不杂，理不离气，气不离理，理气相即，所谓太极正表明理气一体浑成的特点。气是事物形质之体的根源，理是气聚散的根据。理与气构成了世界的两大根据。从具体而真实的事物来看，理气浑沦一体不可分开，"理"与"气"不离，但从事物的本源根据上看，理是理，气是气，理为形而上者，气为形而下者，理气不同类，并且，理则更为根本，理是事物存在的根据。这就是朱子的理气既不相离又不相杂的思想。

陈 亮

人才以用而见其能否。安坐而能者，不足恃也。

——陈亮

简介

陈亮，字同甫，学者称龙川先生，婺州永康（今浙江永康）人，生于宋高宗绍兴十三年（公元1143年），卒于宋光宗绍熙五年（公元1194年）。著作有《龙川文集》。

人物小记

陈亮是一位聪颖精明、才华横溢和志量非凡的人。在18岁时，他考查了历代古人用兵成败的事迹，写出了《酌古论》三篇，讨论了19位风云人物。当时的婺州郡守周葵看了这部书，对他十分赏识，赞誉他为"他日国士也"，并"请为上客"。然而，周葵所欣赏的是陈亮博通古今的才华，期望把这位有希望的青年人纳入道德性命之学的规范中去。

孝宗隆兴元年，周葵参知政事，聘陈亮为其幕宾"朝士百事、必指令揖亮，因得时豪俊尽其议论"。经过学习，陈亮虽然对道德性命之学有所了解，但他却认为，那种空谈心性的道德性命之学无补于实际，更不能解决抗金统一事业，所以没有按照周葵为他设计的道路去实行，而是继续研究前人的历史，并且又撰著了《英豪录》和《中兴遗传》两部著作，冀图从历史的经验和教训中得到中兴复国的借鉴。

陈亮在青壮年时期，曾两次参加科举考试，都未得中。他说："亮闻古人之于文也，犹其为仕也，仕将以行其道也，文将以载其道也，道不在于我，则虽仕何为。"宋孝宗淳熙五年（公元1178年），35岁的陈亮又"诣阙上言"，慷慨激昂地批判了自秦桧以来朝廷苟安东南一隅的国策和儒生、学士拱手端坐空言性命的不良风气，感动了孝宗，得到赏识，"欲榜朝堂以励群臣，用种放故事，诏令上殿，将擢用之"，但被陈亮拒绝了。这是因为孝宗的宠幸大臣曾觌插手这件事，他想掠美皇恩，抢在孝宗颁发之前见了陈亮，借笼络陈亮以扩展个人势力，此事为陈亮所知，因而"逾垣而逃"。

主要思想

陈亮认为，"道非出于形气之表，而常行于事物之间"。道在物中，理在事中。陈亮强调事功即是"有德""有理"，在具体的功用实践中表现为一般之理。

　　首先，陈亮借用了孔子对管仲的评价，从正面肯定了霸道的价值。"桓公九合诸侯，不以兵车，管仲之力也。如其仁！如其仁！""管仲相桓公，霸诸侯，一匡天下，民到于今受其赐。微管仲，吾其被发左衽矣。"其次，由于汉唐历史所具有的特殊的现实价值，陈亮更热衷于以汉唐开国明君的功业来论证王霸并用的合理性。甚至陈亮为高祖、太宗"谋位"的霸道行为进行了和解，指出他们的本意不在帝位，只是不得其位就无法推行仁政，所以为了天下国家，只好不得已谋其位。

　　陈亮强调王道的主导地位。霸道不能是肆意妄为、逞强斗狠，而必须是"本之于王道"、受王道节制的。霸道只能用来补充、辅助王道。

吕祖谦

　　　　慎言以养其德，节食以养其体。

　　　　　　　　　　　　——朱熹、吕祖谦《近思录》

简介

　　吕祖谦（1137—1181），字伯恭，寿州（今安徽凤台）人，生于婺州（今浙江金华），人称东莱先生。与朱熹、张栻齐名，同被尊为"东南三贤""鼎立为世师"，是南宋时期著名的理学大家之一。他所创立的"婺学"，也是当时颇具影响的学派之一。

人物小记

　　淳熙二年（公元1175年），以朱熹为首和以陆九渊为首的两个针锋相对的学派，在江西信州鹅湖寺举行了一次辩论会，这是中国哲学史和思想史上一次重要的聚会。此次聚会为时三天,于当年六月八日结束,被后人称为"鹅湖之会"。

《象山全集》所附《年谱》,引有陆九渊门人朱亨道的一段话:"鹅湖讲道,切诚当今盛事。伯恭盖虑陆与朱议论犹有异同,欲会归于一,而定其所适从,其意甚善,伯恭盖有志于此。语自得,则未也。"吕祖谦亦曾回忆此事说:"某留建宁凡两月余,复同朱元晦至鹅湖,与二陆及刘子澄诸公相聚切磋,甚觉有益。元晦英迈刚明,而工夫就实入细,殊未可量;子静亦坚实有力,但欠开阔耳。"一个"就实入细",一个"欠开阔耳",一褒一贬,判然分明。总体来说,吕祖谦是倾向于朱熹,而对陆九渊是有所批评的。

主要思想

吕祖谦主张均田恤劳,发展生产,宽厚民力,恢复国土。在学术上力图调和朱熹和陆九渊之间的矛盾,并吸收永嘉学派、永康学派的经世致用之说,被朱熹视为"杂博"。其哲学思想继承程颢"心便是天"之说,认为"心即天也,未尝有心外之天;心即神也,未尝有心外之神,乌可舍此而他求哉。心由气而荡,气由心而出"。心即天即神,宇宙万物及其变化不能存于心外。心的一念之发,可以流金炼石、奔雷走霆。天象的变异,山川的鸣沸,"皆吾心之发见"。这与陆九渊的"宇宙便是吾心,吾心即是宇宙"相似。然而,他也讲"理之在天下,犹元气之在万物也",与朱熹"天下只是一个理"相似,吕祖谦在认识论上强调"明心",在教育上重视"育实才",在历史研究方面发扬了中原文献之学。

在教育思想方面,吕祖谦的思想主张主要有三点:

其一,他非常重视教育,包括"讲学"的作用。他认为,教育是树立德、行的根本,对学子"须教以国政,使之通达政体。古之公卿,皆是从幼时便教养之以为异日之用"。

其二，他在《太学策问》中提出了"讲实理，育实才而求实用"的原则。要求人们通过教育而掌握真才实学，有用于国计民生。他在教育方面主张"讲实理"，即是主张在"穷理"的同时，强调内心道德涵养的工夫。其"育实才"即是要培养既有道德修养，又能够拯救国家的实用人才。

其三，他认为在教学中，要讲求方法，只有"教之以为法"，才能收到较好的教学效果，从而更好地培养出有用的人才来。在他看来，人的资质各有不同，只有通过不同的教育方法，因材施教，才能收到预期的教学效果，培养出有益于国计民生的实用人才。

叶 适

> 观众器者为良匠，观众病者为良医。

> ——叶适

简介

叶适，字正则，世称水心先生，浙江永嘉（今温州市）人，生于宋高宗绍兴三十年（公元 1150 年），卒于宋宁宗嘉定十六年（公元 1223 年）。著作有《习学记言》《水心文集》《水心别集》。

人物小记

叶适 13 岁时随父从瑞安迁到永嘉（今浙江温州）；15 岁开始学诗、学时文，这些对他的学术有很深的影响。《宋史》传称他"为文藻思英发"，而全祖望评论说"然水心工文，故弟子多流于辞章"。

16 岁时，叶适在温州乐清白石北山小学讲舍讲习，为稻粱谋，这样的生活一直维持到乾道三年（公元 1167 年）。其间从学与结交的师友，除陈傅良外，还有王十朋的门人叶士宁与林鼐、林鼐兄弟等。

从 19 岁开始，一直到 28 岁，即淳熙四年（公元 1177 年），叶适主要在婺州地区游学，曾从学于郑伯熊，上书宰执叶衡，结识了陈亮、吕祖谦、周必大等。

这 10 年间，叶适到过临安，时为乾道九年（公元 1173 年）；淳熙元年（公元 1174 年），叶适上书签书枢密院事叶衡。叶适在这封《上西府院书》中，纵论天下大势，指出天下之患在于"朝廷之上，陋儒生之论，轻仁义之学，则相与摈贤者而不使自守以高世"。因此他望宰执能够酌古今之变，权利害之实，以先定国是于天下。具体地说，一是政治上的有为：收召废弃有名之士，斥去大言无验之臣，辟和同之论，息朋党之说。重台谏而任刺史，崇馆阁以亲讲读。二是经济上的措施：据岁入之常以治国用，罢太甚之求，以纾民力。三是军事上的广武举之路，委诸路以择材，鼓舞士卒之勇气，不用增兵而加紧训练，屯田耕种。四分上流之地，积极准备北伐。

叶适提出中兴的"大略"，进一步指出关键在于为政要"诚""赏"与"罚"。诚，是指发号施令时，必思生民之大计，而不徇乎一身之喜怒。赏，是指爱人之功，求人之善，举之公卿之上而忘其疏贱之丑。罚，是惩人之过，明人之恶，加之窜殛之戮而遗其贵近之厚。以后，叶适多次上书朝廷，其要点多是这些内容。

主要思想

叶适的功利之学，本于儒家的根本原理，但强调这些原理必须要在具体的政事和经济活动中贯彻落实，并在济时隆国的事功行为中正人心、明天理，实践儒家的常道。叶适特别强调了格物致知和心诚的关系，认为心诚则物至，格物则知至。由此他的功利之学在哲学上特别强调"我为我发"的主体能动性的一面。叶适基本主张正义谋利、明道记功两不偏废。

陆九渊

为学患无疑，疑则有进。

——陆九渊

简介

陆九渊（1139—1193），字子静，号存斋，抚州金溪（今江西临川）人，南宋著名哲学家、教育家。因讲学于贵溪应天山（象山），世称象山先生。1175 年，陆九渊应吕祖谦的邀请与朱熹论学于鹅湖寺。朱陆之争便成为宋明理学中一大公案，而其心学也在与朱熹的往复辩难中日益明确，成为与理学并立的学派。

人物小记

陆九渊出生时，其父因儿子多，打算让乡人收养，长兄陆九思的妻子刚好生有儿子（焕之），陆九思即令妻乳九渊，而将自己的儿子给别人奶喂。因此，陆九渊后来事兄嫂如事父母。陆九渊自幼聪颖好学，喜究问根底，提出自己的见解。三四岁时，陆九渊问其父"天地何所穷际"，父笑而不答，他就日夜苦思冥想。

长大后，陆九渊读古书至"宇宙"二字解说时，终于弄明白了其中奥妙。他初读《论语》，即指出其讹误之处。

陆九渊一生的辉煌在于创立学派，从事传道授业活动，受到他教育的学生多达数千人。陆九渊官位不算显要，学术上也无师承，但他融合孟子"万物皆备于我"和"良知""良能"的观点以及佛教禅宗"心生""心灭"等论点，提出"心即理"的哲学命题，形成一个新的学派——"心学"。

主要思想

"本心"是陆九渊学说的核心观念。

本心即是：恻隐，仁之端也，羞恶，义之端也，辞让，礼之端也，是非，智之端也。此即是本心。由此，陆九渊又提出了"心即理"的思想，他说："'四端'者，即此心也。'天之所以与我者'，则此心也。人皆有是心，心皆具是理，心即理也。"对陆九渊而言，作为道德情感、道德法则、道德意志相统一的"本心"或"心即理"之心，并非人的一种生理意义、心理意义和社会学意义的心，而是为每个人所本有、具普遍性与恒久性的"同心"或"大心"。他说："理乃天下之公理，心乃天下之同心，圣贤之所以为圣贤者，不容私而已。心，只是一个心。某之心，吾友之心，上而千百载圣贤之心，下而千百载复有一圣贤，其心亦只如此。心之体虽大，若能尽我之心，便与天同。"

"先立乎大者"亦即"发明本心"，这不仅是陆九渊心学的为学宗旨，而且也是陆九渊心学的"为学功夫"。首先，陆九渊极为强调"志"在"发明本心"中的作用，激励人真正志于"良心善性"这一"大者"而发。其次，陆九渊认为"发明本心"需经历一番"剥落"的工夫，即去此"欲"或"物欲"。再次，"发明本心"作为"为学工夫"，陆九渊认为还需人"存养本心"和真正依"本心"践履实行。陆九渊强调"尊德性"，要求人"自得、自成、自道，不以师友载籍"。

王守仁

> 志不可立无可成之事。如无舵之舟，无衔之马，飘荡奔逸，何所底乎？
>
> ——王守仁

简介

王守仁（1472—1529），字伯安，浙江余姚人。因常讲学于会稽山阳明洞，自号阳明子，世称阳明先生。28岁时进士及第后，步入仕途，虽宦海沉浮，但不废讲学，是明代理学中最有影响的思想家。他一生的语录、书札及其他论学诗文，被后人收集编为《王文成公全书》（现名为《王阳明全集》）38卷流传于世。

人物小记

王守仁在一次与弟子徐爱的对话中，首次表述了"心即理"的命题。

徐爱说："至善只求诸心，恐于天下事理不

能尽。"

先生说："心即理也。天下又有心外之事，心外之理乎？"

徐爱说："如事父之孝，事君之忠，交友之信，治民之仁，其间有许多道理在，恐亦不可不察。"

先生叹："此说之弊久矣，岂一语所能悟！今姑就所问者言之，且如事父，不成去父上求个孝的理？事君不成去君上求个忠的理？交友治民不成去友上民上求个信与仁的理？都只在此心，心即理也。此心无私欲之弊，即是天理，不需外面添一份。以此纯乎天理之心，发之事父便是孝，发之事君便是忠，发之交友治民便是信与仁。只在此心去人欲、存天理上用功便是。"

主要思想

王守仁在论及他的"知行合一"说时曾反复说道："知行本体，原来如此。"王守仁如此强调"知行本体""知行之体""知行体段"，其所谓的"知行本体"含有两义：一种"知行本体"指知与行互相联系、互相包含、不可分割而合一，另一种"知行本体"指良知良能亦即"心即理"之心或"心之本体"。二者比较，后者为根本。

吕 坤

做第一等人，干第一等事，说第一等话，抱第一等识。

——吕坤

简介

吕坤（1536—1618），字叔简，一字心吾、新吾，自号抱独居士，河南宁陵人。明朝文学家、思想家。吕坤刚正不阿，为政清廉，他与沈鲤、郭正域被誉为明万历年间天下"三大贤"，主要作品有《实政录》《夜气铭》《招良心诗》等，内容涉及政治、经济、刑法、军事、水利、教育、音韵、医学等各个方面。吕坤思想对后世有很大影响，其代表作《吕坤全集》是文化典籍整理中的原创。

人物小记

吕坤在大同任职时，以"刚介峭直"和执法公正远近闻名。《宁陵县志》记载了这样一件事：邻县的大户王家屏的姐夫吃了人命官司，被判死刑。王家屏去北京任职途中路过大同，向吕坤谈及姐夫的事。没等王家屏把话说完，吕坤断然说："案子已经判了，只能依法办了，怎能随意更改呢？"

王家屏是一个正直廉洁的人，后来他到吏部任职，立即向同僚举荐吕坤，他赞不绝口地说："普天之下第一不徇私枉法的就数大同令吕顺书了。"

吕坤被举荐到吏部后，仍不改刚正不阿的一贯作风。按照官场的惯例，新上任的小官都应该谦虚谨慎，唯命是从，更不能随便开口发表意见。吕坤却不是这样，每次吏部议事，他总是挺直胸膛，侃侃而谈。吕坤以他的才能和智慧赢得了同僚们的尊敬，也招来了小人的非议。

有个人非常嫉恨吕坤，常借题发挥，数落吕坤的不是，但在一次朝议的时候，他本人也遭到了别人的恶意攻击。吕坤深知这件事的来笼去脉，便挺身而出，为他辩解。此人被吕坤的真心诚意感动了，当晚就到吕坤的住处负荆请罪。

主要思想

吕坤生活的年代，朱明王朝已进入中后期。嘉靖皇帝朱厚熜昏庸好道教，妄求长生不老，甚至道士可做礼部尚书。由于政治腐败透顶，造成财政也临于绝境。

吕坤就是在这种形势下踏入仕途的。他为官清廉，持法公允，裁抑豪强恶势，同情劳动人民。为了缓和日益激化的阶级矛盾，拯救风雨飘摇的朱明王朝，吕坤大胆上书神宗论天下安危，深刻揭露并抨击明朝政府所设大工、采木等费的苛重。可是，此时却遭到张位等人的诬陷，吕坤只好辞官，从此只做学术研究。

吕坤哲学思想的核心，是唯物主义的"气"的一元论。他认为，一切具体的有形物体，都出于气，是永存的，形则是要毁灭的，但这种毁灭只是气的一种形态转化为另一种形态，这就是我们今天所说的物质不灭。吕坤还反对迷信鬼神，对术数、风水和阴阳家、僧道家之言，都持否定态度。他认为造化听命于自然，反对有造物主的神秘主义思想，不承认万物之上有神在主宰。他认为有些人之所以见到鬼神，并非真有鬼神存在，而是因为他们老耄将死，魂飞扬而神乱于目才造成的。

李 贽

> 动人以言者，其感不深；动人以行者，其应必速。
>
> ——李贽

简介

李贽（1527—1602），初姓林，名载贽，后改姓李，名贽，号宏甫，又卓吾，别号温陵居士、百泉居士等。明代官员、思想家、禅师、文学家，泰州学派的一代宗师。嘉靖三十一年举人，不应会试。历共城知县、国子监博士，万历中为姚安知府。旋弃官，寄寓黄安、麻城。在麻城讲学时，从者数千人，中杂妇女，晚年往来南北两京等地，被诬，下狱，自刎死。他在社会价值导向方面，批判重农抑商，扬商贾功绩，倡导功利价值，符合明中后期资本主义萌芽的发展要求。李贽著有《焚书》《续焚书》《藏书》等。

人物小记

传说李贽主宰龙湖芝佛寺著述、讲学的时候，仍旧能做到自给自足。像他这样一个有大学问的人，却能像普通民众一样开荒、种粮、种菜，而且还很勤快。李贽讲学跟别的先生不一样，在那个时代，别的先生只收男孩，而他要男女收在一起教；别人都要求孩子走路要轻，说话的时候要符合儒家经典的要求，但是李贽偏要他们蹦蹦跳跳翻跟头，大声读书；别的私塾先生教书要在白天，然而李贽却要求孩子在白天的时候帮大人耕田，晚上的时候来听他讲学。

有一天，李贽给孩子们出了一个谜语让孩子们猜："皇帝老子去偷牛，满朝文武做小偷；公公拉着媳妇手，孩子打破老头手。"

听了李贽的谜语，孩子们思来想去，都没有猜出来，于是询问答案。

李贽笑着对孩子们说道："你们不是猜不着，而是还没有长这个胆子。一个人如果想要干大事，就要在生活中敢于打破陈旧规矩，敢想，敢说，还要敢干。"

说完这句话后，他解释道"皇帝老子去偷牛"的意思是君不君，"满朝文武做小偷"的意思是臣不臣，第三句的意思是父不父，第四句的意思是子不子。学生们听完后，感到非常有趣，于是就到处传播，气得那些官老爷和封建卫道士连连骂李贽是"异端"。

主要思想

李贽在反对政治腐败和宋明理学的过程中，形成了他的政治思想：主张个性解放，思想自由。他认为一个人应该有自己的政治见解和思想，不应盲目地随人俯仰，提倡人类平等。

李贽认为，按照万物一体的原理，社会上根本不存在高下贵贱的区别，反对封建礼教。李贽还对被封建统治者奉为金科玉律的儒家经典进行抨击，认为儒家经典的六经，是经过后人吹捧拔高形成的，不能当作万年不变的真理。他反对歧视妇女，人们的见识是由人们所处的环境决定的，并不是先天带来的。反对理学空谈，提倡功利主义。李贽揭露道学家的丑恶面目，指出他们都是伪君子，"名为山人，而心同商贾，口谈道德，而志在穿窬"；他不同意道学家宣传的"正其义不谋其利，明其道不计其功"的说法，认为人类的任何举动都有其谋利和计功的目的。

针对明王朝的腐败政治，李贽提出了"至道无为、至治无声、至教无言"的政治理想。他认为人类社会之所以常常发生动乱，是统治者对社会生活干涉的结果。他理想的"至人之治"则是"因乎人者也"，顺乎自然，顺乎世俗民情，即"因其政不易其俗，顺其性不拂其能"，对人类的社会生活不干涉或少干涉。

黄宗羲

自古圣贤，盛德大业，未有不由学而成者也。

——黄宗羲

简介

黄宗羲（1610—1695），字太冲，号南雷，别号梨洲，浙江余姚人。其父黄尊素为东林名士，因弹劾宦官被迫害致死。他遵守遗命，从学于明末大儒刘宗周，青年时代，是名抗清志士，晚年从事讲学活动。黄宗羲学识渊博，对天文、算术、经史百家及释道之书，无不研究。

他成为浙东史学学派的开创者。其一生著作丰富,主要有《明儒学案》《宋元学案》《明夷待访录》《南雷文案》等。

人物小记

明万历三十八年八月初八(1610年9月24日),黄宗羲出生于绍兴府余姚县通德乡黄竹浦。降生前夕,母亲姚氏曾梦见麒麟入怀,所以,给他起乳名为"麟儿"。父黄尊素,万历进士,天启中官御史,东林党人,因弹劾魏忠贤而被削职归籍,不久下狱,受酷刑而死。崇祯元年(1628年),魏忠贤、崔呈秀等已除,天启朝冤案获平反。黄上书请诛阉党余孽许显纯、崔应元等。五月刑部会审,出庭对证,出袖中锥刺许显纯,当众痛击崔应元,拔其须归祭父灵,人称"姚江黄孝子",明思宗叹称其为"忠臣孤子"。

黄宗羲归乡后,即发愤读书,"愤科举之学锢人,思所以变之。既,尽发家藏书读之,不足,则钞之同里世学楼钮氏、澹生堂祁氏,南中则千顷堂黄氏、绛云楼钱氏,且建'续钞堂'于南雷,以承东林之绪"。又从学于著名哲学家刘宗周,得蕺山之学。

崇祯四年(1631年),张溥在南京召集"金陵大会",当时恰好也在南京的黄宗羲,经友人周镳介绍参加复社,成为社中活跃人物之一。

主要思想

黄宗羲提出"有治法而后有治人"的思想,认为好的制度、法律,远远大于个人的作用。在他看来,必须剥夺君主无条件的是非权,而将其还于集体公议的学校。学校的学官不能由政府委任,而必须由各级公众公议推举。除此之外,黄宗羲还对科举制提出了批评。最后,黄宗羲针对明末土地兼并严重的现实,提出恢复井田的主张,以缓解当时的现状。他认为应从"丈量天下田土"出发,以改变土地过分集中的现实。针对明中叶以来的工商阶层崛起的事实，黄宗羲主张"工商皆本"。

在哲学上，黄宗羲基本上属于心学一系的学者。在学术上，他也开始走向气学，并在其哲学中加进许多气学的因素。这主要表现在他的"盈天地皆心"与"盈天地间皆气"两个看似相互矛盾的命题中。

在黄宗羲的哲学中，最典型地体现着从心学走向理学的特色。首先，对传统的理气观，黄宗羲明确反对朱熹的理先气后之说。他明确坚持了理依于气而行的观点。其次，黄宗羲认为"夫天地之间，止有气质之性，更无义理之性，未有义理之性高于气质之性者，藏三耳之说也"。也就是说，人真实存在的只有气质之性，那种认为有不落于气质的义理之性，不过是因名取义而已，并无实际根据。黄宗羲不仅用气说明心的生成，而且还用一气流行说明人的喜怒哀乐与仁义礼智。

顾炎武

天下兴亡，匹夫有责。

——顾炎武

简介

顾炎武（1613—1682），初名绛，字宁人，曾自署蒋山佣，学者称亭林先生。江苏昆山人。著名思想家、史学家、语言学家，与黄宗羲、王夫之并称为明末清初三大儒。明季诸生，青年时发愤为经世致用之学，并参加昆山抗清义军，败后漫游南北，曾十谒明陵，晚年卒于曲沃。学问渊博，对国家典制、郡邑掌故、天文仪象、河漕、兵农及经史百家、音韵训诂之学，都有研究。晚年治经重考证，开清代朴学风气。其学以博学于文，行己有耻为主，合学与行、治学与经世为一。诗多伤时感事之作。

人物小记

顾炎武小时候，每年春夏温习经书，家人为他请了四名声音洪亮的士子坐在周边。顾炎武面前放一本经书，四人前面放着该经书的注疏。他先叫一人读一段经书，遇到其中字句不同的或他忘记了的地方，则与四人辩论或再记一遍。一人读二十页书，之后再叫另一人读二十页，他每天温习经书二百页。

顾炎武自小至老手不释卷，出门则总是骑着一头跛驴，用两匹瘦马驮着几箱书。遇到边塞亭障，就叫身边的老仆到路边的酒店买酒，两人对坐痛饮，咨询当地的风土人情，考究其地理山川。如果与平生所听到的不相符，他就打开书本验证，必定要弄清楚才罢休。骑在驴上无事时，他就默诵读经注疏。碰上老朋友，他往往记不起是谁。有时掉到崖下，他也毫不怨悔。顾炎武这样勤学，终于成为学问渊博的大家，没人可与之抗衡。

顾炎武曾经客居北京。

一天，在朝廷做官的王士禛去他住所拜访，对顾炎武说："先生博学强识，请您背诵一下古乐府的《蛱蝶行》好吗？"顾炎武当即背诵出来了，一字不遗，同座皆惊。《蛱蝶行》虽然只是一首仅仅五十六字的短诗，但它较生僻，要完整地记在脑海里是不容易的。

主要思想

顾炎武尖锐地抨击专制君主："今

人军人者，尽四海之内为我郡县，犹不足也，人人而疑之，事事而制之。民乌得而不穷？国乌得而不弱？"因此，顾炎武力主限制君权，还提出"地方分权""权移于法"及"庶人议政"等主张。

另外，主张经世致用，反对浮华空谈，是顾炎武思想和学术的显著特征。顾炎武从不把自己关在书斋里，做空疏玄虚的学问。他行万里路，读万卷书；每到一个地方，就向一些老兵退卒或乡里父老请教，以确凿的真知，纠正书中的讹误。无论是经学还是史学，他都一以贯之地坚持崇实致用的原则，年年不忘"生民根本之计"。

王夫之

私欲之中，天理所寓。

——王夫之

简介

王夫之（1619—1692），字而农，号薑斋，又号船山，湖南衡阳人，晚年隐居衡阳金兰乡石船山附近，因此也称船山先生。明清之际的思想家，中国朴素唯物主义思想的集大成者，与黄宗羲、顾炎武并称为明末清初的三大思想家。王夫之一生著述甚丰，其中以《读通鉴论》《宋论》为其代表作。晚清重臣曾国藩极为推崇王船山及其著作，曾于金陵大批刊刻《船山遗书》，使王夫之的著作得以广为流传。近代湖湘文化的代表人物毛泽东、谭嗣同等皆深受船山思想熏陶。王夫之一生主张经世致用，坚决反对程朱理学，自谓："六经责我开生面，七尺从天乞活埋。"

人物小记

人物小记

明末巨变，王夫之曾举兵抗清，失败后，投奔南明永历政权，任职行人司，因弹劾权奸，险遭残害。

此后，隐伏湘南一带，过了近四年的流亡生活，中年以后，隐居故乡衡阳石船山，潜心研究经史子集，著书立说。曾自题堂联曰："六经责我开生面，七尺从天乞活埋。"

王夫之著述有一百多种，四百多卷。今人编有《船山全书》。其中，哲学著作有《周易内传》《周易外传》《尚书引义》《诗广传》《读四书大全说》《老子衍》《庄子解》《庄子通》《张子正蒙注》《思问录》等；史论与政论有《读通鉴论》《宋论》《黄书》《噩梦》等。

王夫之于暮年回首平生，感慨系之，自题墓石，曰："抱刘越石之孤愤，而命无从致；希张横渠之正学，而力不能企。"著名哲学家熊十力对王夫之学术的路数与特点有精到的概括："晚明有王船山，作《易》内外《传》，宗主横渠，而和会于濂溪、伊川、朱子之间，独不满于邵氏。其学尊生以箴寂灭，明有以反空无，主动以起颓废，率性以一情欲，论益恢宏，浸与西洋思想接近矣。"

主要思想

"气"是王夫之哲学最重要的范畴。王夫之把"太虚""太极""太和""诚"等范畴都讲成"气"，或视为与"气"等值的概念、范畴。

王夫之的宇宙观是"太虚即气""太虚一实"的气化宇宙论。他说："人之所见为太虚者，气也，非虚也。虚涵气，气充虚，无有所谓无者。虚空者，气之量。气弥沦乌鸦而希微不形，则人见虚空而不见气。凡虚空皆气也。聚则显，显则人谓之有；散则人谓之无。"

在理气关系的问题上，王夫之认为："理在气中，气无非理；气在空中，空无非气，通一而无二者也。理与气互相为体，而气外无理，理外亦不能成其气，善言理气者必不判然离析之。气者，理之依也。气盛则理达。天积其健盛之气，故秩叙条理，精密变化而日新。"王夫之不仅是气本论者，而且是理气不离之杂论者。王夫之主张"以心循理"，反对师心自用。

在道器观方面，就存在论而言，王夫之认为"天下唯器"，即肯定宇宙自然、社会历史、生活世界的客观性、真实性，肯定具体的、历史的、特殊的存在，肯定个体性及其价值；就哲学之普遍性与特殊性、个别性的关系而言，"道者器之道"即肯定道与器是统一的，这种统一是以气为核心的统一；就真理观、知识论与道德论而言，强调"尽器""据德""治器"的功夫，即肯定真理总是具体的、历史的，充分认真地研究个案，认识个别、特殊、具体，是认识普遍并按内在法则创立、改造、治理事业的基础，具体的道德实践比道德理论更为重要；就社会历史观与文化观而言，不拘守于过去，而是以开放、发展的眼光，强调今胜于古，肯定来自民间的具体改革与创造，注重建构社会文化、外王事功。

他主张分而后合，以行为重心的合一。王夫之知行观的前提是"知行"相分，尽管知行相互作用，但知行并不是平列的。在认识的过程中，力行、实行是主导的方面，注重"行"。

颜 元

寡欲以清心，寡染以清身，寡言以清口。

——颜元

简介

颜元（1635—1704），字易直，又字浑然，自号习斋，河北博野人。颜元长期参加"耕田灌园"等农业劳动，后行医、教书，终生不仕。其主要著作有《四存编》《四书正误》《朱子语类评》《习斋记余》等。他的学生李塨发展其学，世称"颜李学派"。

人物小记

颜元的父亲颜昶曾被蠡县一位小官吏朱九祚收为养子。颜元生在朱家，原名朱邦良，后其父颜昶因与朱家失和，于明朝末年颜元4岁时，随清兵逃往关外。其母王氏因夫杳无音讯，于颜元12岁时改嫁。颜元便同其养祖父母一起生活。养祖母去世，颜元代父居丧，行朱子"三日不含，朝夕哭"的家礼，饥饿哀哭几至于死。

颜元8岁启蒙，从学于吴持明。吴能骑、射、剑、戟，精战守机宜，通医术，又长术数。因此，颜元从小所受的教育就与众不同。19岁，颜元又师从贾珍。贾珍主张以"实"为生活的准则，提倡"讲实话，行实事"，这对于颜元后来的"实学"思想有很大的影响。同年，颜元中秀才，但不久"遂弃举业"。20岁，颜元"究天象、地理及兵略"，此时朱家因讼中落，生活由颜元"耕田灌养"。21岁，颜元"阅《通鉴》，忘寝食"。此后他学医，"学兵法，究战守机宜，尝彻夜不寐"，并且还学习技击。24岁时，颜元开私塾教书，此后多赖开药铺行医为生。

颜元的学术思想有一个变化发展过程。24岁时，他"深喜陆、王，手抄《要语》一册"。26岁时，他始知程朱理学之学旨，34岁时他"因司周公之六德、六行、六艺，孔子之四教，正学；静坐读书，乃程朱王为禅学、俗学所浸淫，非正务也"。从此以后，颜元力主恢复尧舜周孔之道，猛烈抨击程朱陆王学说，从原来笃信理学变成批判理学的杰出代表，学术思想发生了根本性的转变。

主要思想

颜元思想的最大特点是以"实学"来批评宋明理学的"虚文"。他认为朱、陆都背离了孔孟的精神，主张回到孔孟。

关于《大学》中的"格物"，朱熹训"格"为"至"，将"格物致知"解释为"即物而穷理"。王守仁则将"格"训为"正"，"格物"即是以"正念头"为入手的道德实践活动。

颜元从实践的角度解释"格物"，认为"格物"即是"犯手实做其事"。颜元首先肯定知的对象物是客观的，此为知之体，即质实、对象。人的感官和思维必须施加于对象物之上，才算发挥了功能、效用。其次，又肯定人具有潜在的认识能力，但人的这些能力也是在"玩东玩西"的摸索、考察的过程中培养起来的。最后，致知不能只停留在读书、讲问、思辨方面，而必须在感性实践、亲身实行之后才能致其知。

在他看来，儒学之于国计民生是有用之学，不能利国利民的空疏无用之学是曲学、异端。真儒即在士农工商等四民社会的各行各业中，体现在其功效上。他把义与利、道与功，也即儒家的道义与民众的功利统一了起来，认为不谋利己功者是空寂、腐儒，而能斡旋乾坤、利济苍生的人才是圣贤。颜元重视学术对社会政治的作用，主张动的哲学，肯定自强不息、积极有为。他提倡"实学"，他所提倡的学习科目曰"实文"，学习方法曰"实学""实习"，所提倡的行为曰"实行"，所提倡的事功曰"实用"，所提倡的性体曰"实体"。他对博学的解释是："博学之，则兵、农、钱谷、水火、工虞、天文、地理，无不学也。"在主持漳南书院时，他就开设了这些科目。

颜元坚持理气合一论和人性之道德理性与自然之性的合一观。

颜元坚持孟子的性善论，认为性善，才、情、气质亦善，并没有把人之本性的善与人之才、情、气质割裂开来；颜元重习行，而习行依赖于气质，依赖气、形、才、情。颜元认为，真正的儒家应该是体用一致，而不能割裂体用关系。他强调以"用"为轴心的体用不二论："人皆知古来无无体之用，不知从来无无用之体。既为无用之体，则理亦虚理。"

戴　震

　　人与人较，其材质等差凡几，古圣贤知人之材质有等差，是以重学问，贵扩充。

——戴震

简介

　　戴震（1724—1777），字慎修，又字东原，安徽休宁（今安徽屯溪）人。清代著名语言文字学家、自然科学家、哲学家、思想家。乾隆二十七年举人，乾隆三十八年被召为《四库全书》纂修官。乾隆四十年第六次会试下第，因学术成就显著，特命参加殿试，赐同进士出身。戴震治学广博，音韵、文字、历算、地理无不精通，又进而阐明义理，对理学家"去人欲，存天理"之说有所抨击。其视个体为真实，批判程朱理学的思想，对晚清以来的学术思潮产生了深远影响。梁启超称之为"前清学者第一人"，梁启超、胡适称之为中国近代科学界的先驱者。

人物小记

　　戴震出身于小商人家庭，曾随父做过商贩，年轻时师从大学者江永，中年即博通小学（文字、音韵、训诂）、经学、史学、天文、历数、地理，是乾嘉朴学的代表学者。晚年被人推荐入四库馆任纂校，钩辑、整理天文、算法及经部古籍多种，并撰提要。赐同进士出身，授翰林院庶吉士。入馆五年，因积劳成疾而死于任所。其哲学著作有《原善》《孟子私淑录》《孟子字义疏证》和《答彭进士允初书》等。颜、戴之学均抨击批判宋明理学。颜元重"习行"，倡"实学"，戴震重"心知"，察"道""理"，在批判、反省理学流弊的过程中展示了清代学术重知识、重实行的精神。

主要思想

戴震坚持"气化即道"的宇宙观。他说："道，犹行也；气化流行，生生不息，是故谓之道。"他认为永恒运动的阴阳五行之气是"道"的真实内容。

> 一阴一阳，流行不已，夫是之谓道而已。古人言辞，"之谓""谓之"有异：凡曰"之谓"，以上所称解下，如《中庸》"天命之谓性，率性之谓道，修道之谓教"，此为性、道、教言之，若曰"性也者天命之谓也，道也者率性之谓也，教也者修道之谓也。"《易》"一阴一阳之谓道"，则为天道言之，若曰"道也者一阴一阳之谓也"。凡曰"谓之"者，以下所称之名辨上之实……《易》"形而上者谓之道，形而下者谓之器"，本非为道器言之，以道器区别其形而上形而下耳。形，谓已成形质；形而上犹曰形以前，形而下犹曰形以后。阴阳之未成形质，是谓形而上者也，非形而下明矣。

戴震认为，人道本于性，而人性源于天道；天道固无不善，人道人性自然也无不善；人的生命价值与宇宙生命的意义一样：基于本然之德，归于必然之常，以全其自然之顺。戴震把这叫"自然之极致"。

龚自珍

> 九州生气恃风雷，万马齐喑究可哀。我劝天公重抖擞，不拘一格降人才。

——龚自珍

简介

龚自珍（1792—1841），字璱人，号定庵。浙江仁和（今杭州）人。晚清著名思想家、文学家。

人物小记

龚自珍幼年曾随外祖父段玉裁学习。段玉裁是清代著名的汉学家。在他的教育培养下，龚自珍深爱汉文考据，在文学上也显示了创作才华。但是黑暗、腐朽的社会现实，激发了龚自珍变革社会的雄心。他并没有沿着乾嘉学者考证古籍的路子走下去，而是大力提倡经世致用之学，勇敢地投身到时代的激流旋涡之中，探索中国未来的前进道路。

作为思想家，龚自珍清醒地看到了清政府的统治早已由盛而衰，看到官吏腐败、政治黑暗、军备不整、学风空疏。在这种情况下，龚自珍抱着"但开风气不为师"的态度，大胆地指斥弊端，倡言变革。

主要思想

嘉庆、道光年间，清朝封建统治已陷入严重危机。对此，龚自珍指出：这时的社会，表面上像是太平"盛世"，实际上是处于大乱将至的"衰世"，整个社会呈现出一幅"日之将夕，悲风骤至"的可怕景象。他写诗说："九州生气恃风雷，万马齐喑究可哀。我劝天公重抖擞，不拘一格降人才。"他希望打破这个死气沉沉的局面。为了挽救当时的社会危机，龚自珍劝告统治者主动进行改革，说"一祖之法无不弊，千夫之议无不靡，与其赠来者以前改革，孰若自改革"。建议在经济上按宗法关系分配田土，解决土地过分集中的问题，以缓和阶级矛盾；政治上改革一些弊政，以利于发挥官吏的积极性。龚自珍还曾积极支持林则徐反对外国殖民主义者的鸦片侵略。

龚自珍的哲学思想比较复杂，充满矛盾。他虽然批判了神秘的阴阳五行说和天人感应说，认为天象皆有一定规律，但又相信天有意志，并肯定鬼神的存在；他强调"人"的作用，坚决否定"圣人"和天理创造及主宰世界的论调，但又错误地认为包括自然界和人类社会在内的宇宙间的一切都是由"人"自我创造的。在认识论上，他把"知"与"觉"截然分开，认为"知"是对客观具体事物的认识，是"有形"的，"觉"是先验的认识，是"无形"的。他批判先验的性善论，认为人性无善恶，善恶是后天环境造成的。这一思想后来未能贯彻到底，而与"佛性"混为一谈。龚自珍注重《周易》的穷变通久论和《公羊》"三世"变易观，认为社会历史不

是凝固不变的，而是循着乱世—升平世—太平世，或治世—衰世—乱世的轨道不断地变化的。但他把社会历史的变化只看作是"渐"变，而且是"初异中，中异终，终不异初"的单纯循环。他的整个宇宙观属于唯心主义、形而上学，其中包含有若干唯物主义因素和辩证法思想成分。

严　复

言自强于今日，以开民智为第一义。

——严复

简介

严复（1854—1921）字又陵，福建侯官（今福州市）人。近代中国第一个系统介绍西学的资产阶级启蒙思想家。

人物小记

严复，出生于名医世家。1866年，考入了家乡的马尾船政学堂，主要学习驾驶专业，5年后以优异成绩毕业，毕业后在军舰上工作。1877年到1879年，严复等被公派到英国留学，先入朴茨茅斯大学，后转到格林威治海军学院。留学期间，严复对英国的社会政治产生浓厚的兴趣，涉猎了大量资产阶级政治学术理论，并且尤为赞赏达尔文的进化论观点。

严复于 1905 年任皖江中学堂（今芜湖第一中学）的监督（即校长），积极倡导西学的启蒙教育，完成了著名的《天演论》的翻译工作。他的译著既区别于赫胥黎的原著，又不同于斯宾塞的普遍进化观。

主要思想

严复对中国近代哲学的最大贡献，是通过翻译赫胥黎的《天演论》阐发了进化论思想。严复的进化论，已经超越了达尔文的生物进化论的范畴，具有世界观的意义。他有所取舍地介绍了达尔文、赫胥黎、斯宾塞等人的进化学说，使之与中国固有的唯物主义传统结合起来，形成了他的"天演哲学"。他认为进化是普遍的，宇宙间的天体是从星云逐渐演化出来的。地球上种类繁多的生物，也是长期进化的结果。它们一开始同出于一源，后来愈演化愈不同。生物体这种由简单到复杂的进化过程，遵循着物竞天择的规律。人类也是从动物进化而来的，是生物进化过程中的一个阶段。

严复很重视认识论和逻辑方法。为了在学术上"黜伪而崇真"，他大力提倡逻辑归纳法与演绎法。他说："格物穷理之用，其涂不过二端，一是内籀，一曰外籀。"他通过翻译《穆勒名学》和《名学浅说》，把这种逻辑方法介绍到中国。其中，对培根的经验归纳法尤为重视，称之为"实测内籀之学"。

所谓"实测"，即从实际经验出发，"验之物物事事"。所谓"内籀"即归纳法，"观化察变，见其会通，立为公例者也"。从实际经验中归纳出规律性的东西来。这是一种唯物主义思想。严复用这一思想尖锐地批判陆王学派主观唯心主义的"心成之说"。他说："不实验于事物，而师心自用，抑笃信其古人之说者，可惧也夫！"然而，由于受密尔、赫胥黎等人的影响，严复过分强调感觉经验，认为人

的认识不能超越感觉的范围，只有感觉才是可靠的，"万物本体，虽不可知，而可知者止于感觉""物的本性，必不可知，吾所知者不逾意识""唯意可知，故唯意非幻"，使他的经验论中又含有不可知论的成分。

张之洞

> 穷维古来世运之明晦，人才之盛衰，其表在政，其里在学。

——张之洞

简介

张之洞（1837—1909），字孝达，号香涛、香岩，又号壹公、无竞居士，晚年自号抱冰。汉族，清代直隶南皮（今河北南皮）人，洋务派代表人物之一。

人物小记

张之洞最为后人称道的，就是他对中国教育所做出的历史性贡献，使中国教育由封建传统向现代化迈进。其弟子张继熙曾说："公常谓中国不贫于财，而贫于人才，故以兴学为求才治国之首务。"美国学者威廉·艾尔斯在其《张之洞与中国教育改革》一书中高度称赞了张之洞对中国教育改革做出的贡献，说："在张之洞的一生中，中国教育的形态发生了根本性变化，对此，他的努力具有决定性意义。"学者苏云峰更是高度评价张之洞对中国教育改革做出的历史性贡献："湖北教育改革的成功，最主要的因素是由于张之洞的领导，而张之

洞，对教育改革的贡献，并不限于湖北一地，而是具有全国性意义。正是由于张之洞的贡献，而使中国教育始走向近代化道路。"

在督鄂期间，张之洞致力于改造旧式书院，创办新式学堂。在他的领导下，湖北教育通过由低等向高等、由普通向专业、由省城向州县的发展，逐步形成了一个地区性的现代教育体系，其教育规模和质量在当时处于全国领先地位。

在这个历史进程中，在张之洞本人的具体策划和亲自指导下，湖北地区先后成立了自强学堂（今武汉大学前身）、武备学堂、农务学堂（今华中农业大学前身）。武汉科技大学的前身——湖北工艺学堂，也是在这个历史时期，在张之洞的策划和指导下诞生的。不仅是湖北地区，张之洞任两江总督时，在南京也创立了三江师范学堂（今南京大学前身）。

主要思想

在学术上，张之洞提出了"中学为体，西学为用"的主张，这一主张产生过重要影响。对于旧学，他标榜"兼师汉宋"，主张"读书宗汉学，制行宗宋学"，认为讲究训诂考证的汉学只是一种读书的方法，讲义理的宋学，才是人们行动的指南。他继承宋明理学，尊崇孔、孟、程朱，提倡纲常名教，认为纲常名教是"礼政之原本"，离了它，天下就会大乱，国家就要灭亡。他重申董仲舒的"天不变道亦不变"论，说三纲五常相传了数千年，是永远不会变的。在他看来，旧学即中学，是根本，而西学即近代西方文化教育、科学技术，只在于"应世事"。

在 19 世纪末守旧派反对变法维新运动中，张之洞的思想起过重要作用。

郑观应

学校者，人才所由出，人才者，国势所由强，故泰西之强，强于学，非强于人也。

——郑观应

简 介

郑观应（公元 1842—1921 年）本名官应，字正翔，号陶斋，别署罗浮偫鹤山人等，祖籍广东香山县（今中山市）三乡镇雍陌村。近代早期资产阶级改良派思想家。

人物小记

郑观应的父亲郑文瑞是一个无功名的读书人，在家乡设帐授徒，并督促郑观应习帖括之学。咸丰八年（1858 年），郑观应童子试未中，即奉父命远游上海，弃学从商，在任上海新德洋行买办的叔父郑廷江处"供走奔之劳"。次年，由亲友介绍进入上海一流的英商宝顺洋行任职。同年冬，被派赴天津考察商务。咸丰十年（公元1860年），返回上海后掌管洋行的丝楼，并兼管轮船揽载事项。同时进入英国人傅兰雅所办的英华书馆夜校学习英语，并对西方政治、经济方面的知识产生了浓厚兴趣。

主要思想

郑观应的基本思想在于谋求国家的独立富强，为此他积极主张向西方学习兴办实业，兴商务，发展民族资本主义；设立议院，实行君民共主；创办学校，培养人才。其基本理论依据是"道器论"。

郑观应的"道器论"有两个要点：第一，主张道器结合。他沿用传统的唯心主义观点，说器由道生，道为实，器为虚。但又认为，在现实世界中，道与器是结合一起的，"虚中有实，实中有虚"。西人虽不知大道之本，然而他们的形器之学却是不可缺少的。第二，讲"器可变，道不可变"。他以为，包括国家政治经济制度在内的世界一切具体事物，都是器，是可变的；反映封建纲常名教观念的道，是不可变的。他的思想矛盾反映了早期改良派积极进取和严重软弱、妥协的双重性。

郑观应是中国近代史上第一个提出设立议院主张的人。他的资产阶级改良思想在知识分子中曾产生过广泛的影响。

廖 平

为学须善变，十年一大变，三年一小变，每变愈上，不可限量，所谓士别三日当刮目相待者也。变不贵在枝叶，而贵在主宰，但修饰整齐无益也。若三年不变，已属庸才；至十年不变，而更为弃才矣。然非苦心经营，力求上进者，固不能一变也。

——廖平《经话甲编》

简介

廖平（1852—1932），四川井研县青阳乡盐井湾人（今四川乐山）。初名登廷，字旭陵，号四益；继改字季平，改号四译；晚年更号为六译。清末今文经学家、思想家。

人物小记

廖平出身于贫困之家，父亲曾为地主放牧，后靠卖茶水为生。廖平早年学习宋学和八股文，昼夜苦读，成年后，仍勤学不倦。同治十年（公元 1871 年），补县学生（秀才），3 年后参加科试，受到四川学政张之洞奖掖，以学识拔之，入尊经书院，自经解与经学历史省思经今古学。光绪五年（公元 1879 年），师从王闿运治今文经学，常就王闿运请业，每至深夜，尤重《春秋》，光绪七年（公元 1881 年），注《谷梁春秋》。光绪十一年（公元 1885 年），著《何氏公羊春秋续十论》，次年又著《何氏公羊春秋再续十论》。

光绪十二年（公元 1886 年），刊印《古学考》（本名《辟刘篇》）与《知圣篇》。康有为的作品《新学伪经考》《孔子改制考》皆受其影响，廖平多次指责康抄袭自己，康始终讳言莫深，不予表态。梁启超承认其受廖平影响为"不可诬"。皮锡瑞也指出："康学出于廖"。张之洞甚至认为康有为为廖平的嫡传弟子。钱穆以为康有为剽窃廖平的著作，《中国近三百年学术史》写道："盖长素《伪经考》一书，亦非自创，而特剽窃之于川人廖平。"甚至说"康门学说，尚是廖季平范围"。但也有学者指出两人是同时发明，没有抄袭问题。

光绪十五年（公元1889年），廖平赴京应礼部春闱，中贡士。次年补殿试，名列二甲，赐进士出身。朝考三等，授知县。以高堂亲老，不欲远出，改为龙安府儒学教授。光绪二十四年（公元1898年）在成都创办《蜀学报》。宣统三年（公元1911年）担任《铁路月刊》主笔。民国二十一年（公元1932年），赴成都洽谈出版事业，至乐山时，忽发大病，其子廖成励将之抬回，半途卒于河坎场。章太炎撰写《清故龙安府教授廖君墓志铭》。廖平之女廖幼平编有《廖季平年谱》。

主要思想

廖平治《春秋梁传》《春秋公羊传》，功力很深。他的经学思想，自谓先后经过六变：初变分别今古文经。二变尊崇今文经学，贬抑古文经学。三变分大小二统，以《王制》为小统，是治理中国的;《周礼》为大统，是治理全世界的。这样就消除了今古文经学的对立。四变分人学，天学。人学讲六合以内的事，天学讲六合之外的事。以《尚书》《春秋》为人学二经，《诗经》《易经》为天学二经。五变把天学、人学、大统、小统融合为一，撰《孔经哲学发微》，企图建立一个无所不包的孔经哲学体系。六变阐发《诗经》《易经》的天学哲理。学凡六变，所以他自号六译老人。

廖平治经宗今文，深于《春秋》，善说礼。他以礼制区别今古文经。他曾说："古今异同，端在制度、师说，不指文字。"他分别辨析今古文经，并提出古文诸经的辨伪，在经学和史学上有贡献。

他在尊今抑古期间写的《知圣篇》《辟刘篇》，对康有为的思想产生了直接影响。康有为的《新学伪经考》和《孔子改制考》是受到他这两篇著作的启发而作的。故梁启超在《清代学术概论》中说："有为早年，酷好《周礼》，尝贯穴之，著《政学通议》。后见廖平所著书，乃尽弃其旧说。……有为之思想，受其影响，不可诬也。"

康有为

　　一人独学，不如群人共学；群人共学，不如合计百亿兆人共学。学则强，群则强，累万亿兆皆智入，则强莫于京。

——康有为

简介

康有为（1858—1927），字广厦，号长素，广东南海人，人称"南海先生"，近代资产阶级改良派领袖。

人物小记

清朝光绪年间（公元1898年）的一天，光绪皇帝想召见提倡变法的康有为，但却遭到了守旧派的极力阻挠，他们的理由是"成例非四品以上官不能召见；皇上如有所询问，可命大臣传话"。于是康有为被请到总理衙门传话、考问。出席考问的有李鸿章、翁同龢、荣禄等，这些都是当时朝廷有名的重臣。

考问开始，荣禄劈头就教训康有为说："你老是变法呀变法的，可你知不知道，祖宗之法是不能变的。"

康有为反驳他说："祖宗之法是用来治理祖宗的领土的。现在祖宗的领土都保不住了，死守祖宗之法还有什么用呢？制度总要应时而变的。就拿这总理衙门来说，祖宗的法里原是没有的。"荣禄无言对答。

李鸿章不等康有为说完，大声质问："你说变法改制，难道连六部也要撤销，从前一切的法律制度都不要了吗？"

康有为回答："现在的情况和从前不同了。从前的制度，不能适应今天的形势，就应该废除。"李鸿章也张口结舌。

翁同龢怕气氛太难堪，改变话题问变法所需款项如何筹措和具体方案。康有为都回答得头头是道。第二天，翁同龢将谈话经过及情形内容都详细奏报了光绪帝，并极力推荐康有为。虽然这次考问没有使康有为顺利地见到光绪皇帝，但是君臣之间在变法问题上达成了更深刻的共识，也增强了光绪皇帝的信心和决心。而后来康有为也得到了光绪皇帝的召见和赏识，并开始全面筹划变法事宜。

主要思想

康有为资产阶级改良路线的哲学理论基础是"以元为体"。"元"，有时被解释为物质性的气，说"凡物皆始于气，既有气然后有理"，并根据这一唯物主义观点批判了朱熹的理先气后说。有时又认为元是精神性的，说"元"即"元气"，也即是"知气"，还说："统乎天"的元，与婆罗门的"大梵天王"，基督教的"耶和华"相象，与佛教华严宗的"性海"相同。他认为宇宙间的一切，都由这一精神性的"元"分转变化而成。这"元"赋予于人，便是不忍人之心，即"仁"；人们凭着这一仁爱精神，可以创造万物。他说仁"为万化之海，为一切根，为一切源"。在康有为的哲学思想中，精神性的元是主导。他企图以发挥这种精神力量来实现自己变法维新的目的。为了调和其理论中的矛盾，他提出一种带有泛神论色彩的思想，说物质世界起源于元——神；物质世界出现后，元——神就在宇宙万物之中。用佛教的语言来说，就是："众生同原于性海，舍众生亦无性海，世界原具含于法界，舍世界亦无法界。"

谭嗣同

我自横刀向天笑，去留肝胆两昆仑。

——谭嗣同

简介

谭嗣同（1865—1898），汉族，湖南浏阳人，近代思想家，资产阶级维新运动政治家。1898年变法失败后被杀，年仅33岁，为"戊戌六君子"之一。

人物小记

年幼时的谭嗣同，在思想上受母亲的影响很大。母亲徐五缘，对子女的管教极严，不仅在教育方面严格要求孩子，在生活细节上也要亲自过问，决不允许孩子有越礼行为。在儿女眼里，她是一个十分威严的母亲，平时不苟言笑，一旦孩子有了过失，必严加斥责，甚至责打一顿。

有一次，谭嗣同从书里读到"严父慈母"一词，便认为这个词用颠倒了，应该是"严母慈父"。

可见母亲的严厉给他留下的深刻印象。

母亲之严，多是对待子女的错误，而在其他方面则体现出了"慈"的一面。对儿子的日常行为举止、待人接物，她都会认真地教，尤其教育孩子要坚强、自立。谭嗣同 7 岁时，母亲离开北京去湖南。临行前，母亲对他说："你不要想我，要好好读书，不要贪玩。"谭嗣同含着眼泪点点头，强忍泪水，一句话也不说。母亲走后，他日夜思念母亲，以至于生病了。

一年后，母亲回来，看到谭嗣同瘦弱的身体，问他是怎么回事。谭嗣同始终不承认自己思念母亲。母亲高兴地说："你这么坚强，能自立了。"

主要思想

谭嗣同的哲学思想的来源和构成比较混杂，充满着矛盾。他的初期思想受张载、王夫之等人气一元论的影响，主张"气"是宇宙万物的本原，说"元气姻组，以运为化生者也"，是一种朴素唯物主义思想。后来，他学习了一些近代自然科学知识，又深受佛学唯心主义的影响，便企图把科学与宗教熔为一炉，建立一种"仁学"宇宙观。

谭嗣同的"仁学"体系中包含比较丰富的辩证法思想因素。他十分强调事物的运动、变化和进化，并指出"日新"乃"异同攻取"的结果。他认为，"天地万物之始，一泡焉耳"，由于"异同攻取"，在宇宙间演成各种天体，又在地球上进化出各种生物：沮洳郁蒸，草蕃虫蛁，壁他利亚，微植微生，螺蛤蛇龟，渐具禽形。禽至猩猿，得人七八。人之聪秀，后亦胜前。人类社会也是不断向前发展、自苦向甘的。可是，他又以佛教的"刹那生灭""一多相容"和"破对彼"等理论否定事物性质的相对稳定性，幻想融合矛盾，取消对立，陷入了相对主义。

梁启超

民主制度，天下之公理。

——梁启超

简介

梁启超（1873—1929），字卓如，号任公，又号饮冰室主人。近代政治家、思想家。

人物小记

梁启超幼年时从师学习，"八岁学为文，九岁能缀千言"（《三十自述》）。10岁那年，梁启超赴广州应童子试，途中曾吟咏"太公垂钓后，胶鬲举盐初"的诗句，受到通行旅客的注目，被誉为"神童"。12岁中秀才，16岁中举人，17岁拜著名资产阶级改良派代表康有为为师。此后，在康有为的影响下，这位才华横溢的封建士子逐渐成为一位杰出的资产阶级启蒙思想家。

主要思想

梁启超拥护达尔文的进化论。他说，宇宙间的一切事物"莫不变"，就自然界来说，昼夜变而成日，寒暑变而成岁；大地肇起，流质炎炎，热熔冰迁，累变而成地球，海草螺蛤，大木大鸟，飞鱼飞兽，袋兽脊兽，彼生此灭，更代迭变，而成世界。人事也同样是变的，"贡助之法变为租庸调，租庸调变而两税……上下千岁，无时不变，无事不变"。因此他认为，"变"

是天下古今之"公理"。他说，当今是"万国蒸蒸，日趋于上，大势相迫"，国家的治法是非变不可的，"变亦变，不变亦变"。他的这种议论，为变法维新提供了重要理论根据，在当时起到了振聋发聩的作用。

梁启超还把进化论应用于历史领域，形成了他的新史学理论。他认为，"历史者，叙述人群进化之现象而求得其公理公例者也"。他明确地批判了中国古代从孟子以来的"治乱相嬗"的历史循环论，认为社会历史的进化并非是直线前进的，而是螺线上升的，并指出："吾中国所以数千年无良史者，以其于进化之现象，见之未明也。"但他认为推动人类社会历史进化发展的，不是人民群众，而是少数英雄人物，说"舍英雄几无历史"。

梁启超哲学思想的本质是唯心主义的，在他看来，只有"心"才是实在的，他说："境者心造也，一切物境皆虚幻，唯心所造之境为真实。"又说："思想者，事实之母。"他相信佛教所谓的"三界唯心之真理"。他的唯心主义宇宙观反映了资产阶级维新派软弱无力的阶级本质。但在某种限度内,他又不能不正视一些客观事实,如他说:"唯心论是要把所有物质的条件和势力一概否认,才算彻底,然而事实上哪里能做到?自然界的影响和限制且不必说,生活条件的大部分是物质,既生活便不能蔑视他了。"这表明他的唯心主义思想并不十分彻底。